Herward Beschorner
Centralino — 3mal klingeln

Herward Beschorner

Centralino – 3mal klingeln

Ein Deserteur erzählt

Röderberg

CIP-Titelaufnahme der Deutschen Bibliothek

Beschorner, Herward:
Centralino – 3mal [dreimal] klingeln : ein Deserteur erzählt /
Herward Beschorner. – Köln : Röderberg, 1989
  (Reihe Röderberg)
  ISBN 3-87682-855-4

Reihe Röderberg
© Pahl-Rugenstein Verlag GmbH Köln 1989
Alle Rechte vorbehalten.
Umschlaggestaltung: Beate Oberscheidt
Satz: ICS Communikations-Service GmbH, Bergisch Gladbach
Druck und Bindearbeiten: Plambeck GmbH, Neuss
ISBN 3-87682-855-4

Der Autor:
Herward Beschorner wurde am 24. Mai 1919 in Berlin-Moabit geboren. Nach Abitur und Arbeitsdienst bei den Heinkel-Flugzeugwerken Soldat in der Luftwaffe.
1944 desertierte Beschorner, der Zeuge schrecklicher Greuel wurde, von seiner Einheit im italienischen Este. Er schlug sich ins Grödnertal durch, wo er bis 1954 blieb. Von 1955 bis 1977 Arbeit bei Siemens in Berlin (West). Seitdem freiberuflicher Schriftsteller. Beschorner ist Mitglied des Verbandes Deutscher Schriftsteller (VS) und der Neuen Gesellschaft für Literatur.

Auf dem staubigen Weg vom Bahnhof hinunter in die Stadt war es sehr heiß. Die Sonne heizte schon am frühen Vormittag die Pflastersteine auf und ließ die Luft über dem Damm flimmern. Es war Mitte Mai 1944. Ich ging die Straße in der Po-Ebene in Richtung Este. Etliche Male blieb ich stehen, nahm das Gewehr von der einen Schulter und hängte es über die andere, angelte die Feldflasche hinten vom Brotbeutel und ließ den lauwarmen Tee durch die ausgetrocknete Kehle laufen. Den Rucksack nahm ich ab und schüttelte das am Rücken klebende Hemd vom Körper, eine Art Lüftung, die mir einen Augenblick lang Erleichterung verschaffte. Ich ging weiter, und als ich nach einer Viertelstunde an den ersten Häusern vorbeikam, begegnete ich einem Pater mit schwarzer Soutane und flachem Hut mit breiter Krempe. Ich hatte einen Bauern gesehen, der vor ihm den Hut zog. Das scheint hier üblich zu sein, dachte ich, und grüßte den Geistlichen ebenfalls. Auf mein »Buon Giorno« sagte er nichts, er nickte nur mit dem Kopf.

Je näher ich der Stadt kam, um so mehr Häuser sah ich, meist alte, zweistöckige Gemäuer, von denen teilweise der Putz abgeblättert war. Ich hatte die Sonne satt. Im Schatten der Häuserreihen war es angenehm kühl. Nachdem ich eine Weile im Schatten gegangen war, fing ich an, im schweißnassen Unterzeug zu frieren. Also wieder vorwärts in der sengenden Sonne. Weit konnte es nicht mehr sein bis Este. Schon kam eine Kreuzung, und dann führte die Straße in einer langen Kurve zu einer kleinen Brücke, die über ein Rinnsal ging, vorbei an einer alten Basilika mit eckigem Turm. Ab hier hieß die Straße, wie ich an einem Schild eines Hauses lesen konnte, Via Principe Umberto. Nach einigen Schritten sah ich auf der rechten Seite über den ziegelroten Dächern der orange- und weißgetünchten Häuser zwischen dem Dunkelgrün schlanker Zypressen die Mauern eines mittelalterlichen Kastells, dessen Turm mit Zinnen, die wie Zähne gen Himmel zeigten, das Stadtbild beherrschte. Auf der gegenüberliegenden Straßenseite stand eine Kirche, ein altes, graues Gebäude mit rostroter Kuppel und Glockenturm. Gleich hinter der Kirche war ein großer, rechteckiger Platz, der von einer kleinen Kirche, einem Palast mit Arkaden, dem Rathaus mit einer weißen Uhr auf dem Dach, der Telefonzentrale und anderen Gebäuden umgeben war. Das einzige Lokal am Platz befand sich im Rathaus. An der dunkelgrünen Markise der Wirtschaft stand mit großen, weißen Lettern »BAR BORSA CAFFÈ«.

Ich war froh, eine Möglichkeit gefunden zu haben, mich eine Zeitlang auszuruhen, die Sonne hatte mich müde gemacht. Ich ging schnell über den Platz und setzte mich an einen der runden Tische vor dem Caffè Borsa. Hier im Schatten der Markise konnte ich mich ein wenig abkühlen, die schmerzenden Beine ausstrecken und in Ruhe ein Viertel Weißwein trinken. Ein junger Kellner in weißer Jacke nahm meine Bestellung entgegen. Während ich auf meinen Wein wartete, schaute ich mich um. Die beiden alten Männer am Nebentisch steckten die Köpfe zusammen und tuschelten miteinander. Der eine drehte den Kopf in meine Richtung. Keine Frage, der Blick traf mich. Offensichtlich sahen sie in mir, einem deutschen Soldaten in der blaugrauen Uniform der Luftwaffe, einen Eindringling in ihre Welt. Endlich brachte der Kellner den Wein. Ich trank in kleinen Schlucken und schielte an den alten Männern vorbei. Zwei Tische weiter entdeckte ich ein spindeldürres Männchen mit eiförmiger Glatze, das mich dauernd anstarrte. Allmählich wurde es mir zu dumm, Mittelpunkt des allgemeinen Interesses zu sein. Ich trank den kalten Wein schnell aus, rief den Kellner und zahlte. Ächzend schwang ich den Rucksack auf den Rücken, hängte den Karabiner über die Schulter und ging . . .

So schnell es meine brennenden Füße zuließen, versuchte ich, mich vor der Sonne zu retten, flüchtete über die heißen Steinquader des Marktplatzes in die schützenden Schatten der Häuser. Kurz vor einem hohen, hellgrauen Tor mit einer riesigen Uhr mit hellblauem Zifferblatt und goldenen Zahlen und darüber einem turmartigen Aufbau mit einer großen Glocke, bog ich rechts in die Via d'Azeglio ein. Im Schatten der niedrigen Häuser trottete ich die menschenleere Straße entlang, ohne zu wissen wohin.

»Tu – sigarette?« rief ein kleiner Junge, der plötzlich vor mir stand und mich mit fragenden Augen anguckte.

»Du, so jung und schon rauchen«, sagte ich kopfschüttelnd. »Was wird dein Vater sagen . . .«

»Nix Vater . . . Padre morto . . . caduto in Abessinia, in Abessinien gefallen«, erklärte der Kleine und wischte sich mit dem Handrücken die Nase. Ich biß mir auf die Lippen. Hätte ich bloß nichts gesagt!

»Mi dispiace . . . tut mir leid, ragazzo . . . mein Junge.«

»Schon gut«, meinte der Knirps und zuckte die Achseln. »E la sigaretta?«

»Wenn du mir sagst, wo ist deutsches Kommando.« Ich bot dem Jungen eine Zigarette an, und der zog gleich drei aus der Schachtel. Dann faßte er mich am Ärmel. »Vieni!«

Er führte mich durch die Via d'Azeglio. Weiter, immer weiter. Je länger ich ging, um so schwerer wurde der Rucksack, der Schweiß rann von der Stirn über das Gesicht und tropfte in den Kragen. Ich knöpfte die Uniformjacke auf, schob das Käppi ins Genick – auch das half wenig. Nach zehn Minuten, die mir unendlich lang vorkamen, blieb mein kleiner Begleiter vor einem großen, mit Büschen und Bäumen bestandenen Platz stehen und zeigte auf ein langes, teilweise von Baumkronen verdecktes Gebäude, von dessen gelblich getönter Wand die Farbe an manchen Stellen abgeblättert war; über der Fensterreihe im zweiten Stock stand in großen, schwarzen Lettern der Name des Hauses: COLLEGIO VESCOVILE ATESTINO.

»Ecco Comando Tedesco«, sagte der Kleine und rannte davon.

Ich ging durch das offene Tor des Collegios und entdeckte an einer Tür, rechts im Torbogen, einen mit Reißnägeln angehefteten Pappdeckel, auf dem mit ungelenken

Buchstaben »Ortskommandantur« geschrieben war. Dreimal mußte ich an die massive Holztür klopfen, bis ich ein unwilliges »Herein!« hörte.

Ich knöpfte die Feldbluse zu, nicht etwa aus Respekt vor dem da drinnen, sondern weil sich etwas in mir sträubte, das bischöfliche Gebäude in ungeordneter Kleidung zu betreten. Langsam drückte ich die Türklinke herunter, um die Ruhe, die von dem ehrwürdigen Gemäuer ausging, nicht zu stören. Leise betrat ich den Raum, in dem eine angenehme Kühle herrschte. Durch das vergitterte Fenster fiel Sonnenlicht und gab dem zur Schreibstube entstellten Raum einen Rest von Behaglichkeit. An einem groben Holztisch in der Mitte saß ein beleibter Obergefreiter mit schütterem Blondhaar und roten Pausbacken und putzte die Tasten einer Schreibmaschine. Vor dem Fenster hockte ein Unteroffizier im weißen Drillich auf einem Schemel und las, die Nickelbrille auf die Stirn geschoben, einen Groschenroman. Erst auf mein mehrmaliges Räuspern blickte der Mann mit der Nickelbrille auf, brummig, offenbar mißgestimmt über die Störung bei der spannenden Lektüre.

»Ist was?« nuschelte er und mit einem Blick auf meinen Rucksack und den Karabiner: »Ach, ein Neuer! Wer biste denn?«

»Unteroffizier Bertram – und du?«

»Unteroffizier Backhaus, der Schreibstubenbulle«, stellte er sich vor und strich eine Haarsträhne aus der Stirn. »Was haste denn angestellt?«

»Wie kommste denn darauf?«

»Ist doch klar, hier kommen nur Strafversetzte her.«

»'n kluges Köpfchen biste«, sagte ich, nahm den Rucksack ab und stellte den Karabiner in die Ecke. »Mein Leutnant, der Bäckerbursche, – ich habe nichts gegen Bäcker, er hätte lieber weiter Schrippen backen sollen – hat mich abgeschoben, weil ich ihm seine Biene ausgespannt habe.«

Backhaus grinste, sagte zum Obergefreiten, der aufgehört hatte, an der Schreibmaschine zu hantieren: »Siehste, an dem kannste dir mal ein Beispiel nehmen. Dem Vorgesetzten ne Puppe ausspannen – einfach köstlich! Ein ganz attraktiver Haufen werden wir.«

»Sag mir lieber, wo ich Feldwebel Bremer finde. Bei dem soll ich mich nämlich melden.«

»Wo denn anders als in der Kneipe«, lästerte der Obergefreite.

»Sei nicht so frech!« maßregelte Backhaus. »Dem Vorgesetzten hast du stets Achtung und Ehrerbietung zu erweisen.«

Wie Ehrerbietung in der »Schule der Nation« durchgesetzt wurde, hatte ich schon acht Wochen nach meiner Einberufung im Juli 1939 in meinem ersten Urlaub erfahren. Glücklich, den brüllenden Ausbildern auf dem Gelände von Kunersdorf für zwei Tage entronnen zu sein, ging ich ins »Haus der tausend Klubsessel«, in dem die Kapelle Kurt Wittmann spielte. Leider mußte ich die spiegelnde Tanzfläche schon um 18 Uhr verlassen, um mitternachts wieder in Frankfurt/Oder zu sein, und die Fahrt dauerte über eine Stunde. Weinselig und mit weichen Knien schlenderte ich die Friedrichstraße hinunter in Richtung Weidendammer Brücke.

Es war ein warmer Sonntagnachmittag, an dem auch viele Soldaten unterwegs waren, darunter ein Leutnant der Infanterie, den ich weiter nicht beachtete. Als ich an ihm vorbeikam, rief er: ›He, können Sie nicht grüßen?!‹ Ich fühlte mich nicht angeschrien und ging weiter. Prompt machte der Silberbemützte kehrt und rannte mir nach. Heftig schnaufend stellte er mich Ecke Leipziger Straße und fragte im barschen Ton, warum ich nicht gegrüßt habe. Meinen Einwand, ich kenne ihn ja nicht, ließ er nicht gelten – im Gegenteil! Er faßte ihn als ungebührlich, vielleicht sogar als Verhöhnung auf, starrte mich an wie eine Brillenschlange einen Hasen, zischte, ›dann werden Sie mich kennenlernen‹, und ließ sich meine Personalien geben. Nachdem er mich erkennungsdienstlich behandelt hatte, machte ich eine stramme Ehrenbezeigung und ging meiner Wege. Die Episode hatte mir drei Tage geschärften Arrest eingebracht.

»Zum Feldwebel Bremer willste also«, sagte Backhaus. »Der ist grade essen gegangen. Im Cavallino Bianco kannste ihn treffen ...«

»Und wo ist das Weiße Rößl?« fragte ich, meine italienischen Sprachkenntnisse an den Mann bringend.

»Wenn de hier rauskommst, gleich links die Straße runter bis zum Dom – Abaziale di S. Tecla heißt er –«, erklärte Backhaus. »Und dann rechts in die Via Cavour rein. Kurz vor dem Marktplatz auf der rechten Seite, da ist die Wirtschaft, gar nicht zu verfehlen.«

»Danke. Meine Klamotten lasse ich einstweilen hier.«

Ja, stell sie da in die Ecke!« sagte Backhaus und steckte die Nase wieder in den Groschenschinken.

Etliche Kilo leichter, ging ich. Nach einer Viertelstunde entdeckte ich nicht weit vom Dom an einer Hauswand in der Via Cavour ein Schild, einen goldenen Kranz mit einem weißen Pferd in der Mitte. Das Cavallino Bianco. Langsam schob ich den Perlenvorhang auseinander und trat ein. Eine Weile blieb ich an der Tür stehen, bis sich die Augen an die Dunkelheit gewöhnt hatten, der Raum war gerammelt voll und es roch nach Küchendünsten, Tomaten und Knoblauch. Durch den Tabakqualm konnte ich an der Theke Männer erkennen, die, heftig mit den Händen gestikulierend, aufeinander einredeten und einen unbeschreiblichen Lärm machten. Scheinbar unbeeindruckt vom Streit der Gäste, huschte ein Mädchen zwischen besetzten Tischen hin und her und trug Teller mit dampfenden Spaghetti auf. Als sie in meine Nähe kam, mußte ich schreien:» Pronto, signorina. Wo Soldaten deutsch?«

»Ècco!« schrie sie zurück und zeigte auf einen Tisch vor einer rauchgrauen Wand, an der bunte Krüge, Fayencen,

Zinnteller und Knoblauchzöpfe hingen. Jetzt sah ich drei Soldaten vor einer Karaffe Rotwein sitzen und sich zuprosten. Der mir den Rücken zuwandte, war ein Feldwebel mit zwei Ärmelstreifen, Hauptfeldwebel Bremer. Ihm gegenüber saßen ein Stabsfeldwebel mit blicklosen Augen und harten Gesichtszügen und ein Unteroffizier mit dunkler Hornbrille und unmilitärisch langem Haarschnitt, der mehr einem Stehgeiger als einem Soldaten ähnelte. Er sah mich als erster und stieß den Hauptfeldwebel an: »Du, Kurt, ein Neuer!«

Der Spieß drehte sich um und sah mich freundlich an.

Ich klappte die Hacken und grüßte mit Kopfnicken.

»Feldwebel Bremer?«

»Sehr richtig – und du?«

»Unteroffizier Bertram, zur Ausbildungsabteilung Este versetzt!«

»Dann biste hier richtig«, sagte der Unteroffizier und hob das Glas: »Darauf müssen wir anstoßen! ... Ich bin Unteroffizier Gerson, du kannst auch Rolf zu mir sagen ... und der da ist Stabsfeldwebel Krämer, der sich bis zu drei Sternen hochgedient hat. Ein leuchtendes Beispiel!«

»Quatsch nicht so dämlich, Rolf ... sonst mach ick dir zur Minna«, sagte der Stabsfeld und rülpste. »Klaa, der Neue muß einen ausgeben!«

Bremer und Gerson waren gleich einverstanden.

»Na klar gebe ich einen Liter aus, aber erst muß ich was essen« erklärte ich.

Die drei leerten ihre Gläser und bestellten schon.

»Also auf deine Rechnung«, sagte Bremer. »Haste überhaupt Geld?«

Ich zog meinen Brustbeutel hervor und zählte meine Lire. Ob das reichte, wußte ich nicht. »Nur noch 120 Lire. Was wird denn der ganze Spaß kosten?«

»Hier hast du noch 200 Lire Verpflegungsgeld, wir haben noch keinen Fourier und keine Küche und müssen uns selbst versorgen«, sagte Bremer und gab mir zwei Scheine.

Das Mädchen kam an unseren Tisch. Als sie unsere

Bestellung entgegennahm, bemerkte ich, daß sie unter dem hellblauen Kittel nichts anhatte. Ich bestellte Spaghetti mit Tomatensugo. Sie verschwand hinter einem Vorhang an der gegenüberliegenden Wand, dem Durchgang zur Küche.

»Habt ihr gesehen: diese Brüste . . . einfach Klasse! Mit der könnte ich auch mal . . .« schwärmte Rolf.

»Angeber!« sagte Bremer.

Schon waren wir beim Thema Nummer eins – Weiber. Und Rolf redete und redete. »Stellt euch vor, in Berlin, da hatte ich mal eine, die bin ich nicht mehr losgeworden, die wollte mich unbedingt heiraten.«

»Die muß aber anspruchslos gewesen sein«, frotzelte der Feldwebel.

»Unser Verein nennt sich Ausbildungsabteilung«, sagte ich. »Möchte wissen, wen wir ausbilden sollen.«

»Italienische Freiwillige«, erklärte der Feldwebel und grinste.

»Itaker sind keine Soldaten – kämpfen können die nicht«, bemerkte der Stabsfeldwebel.

»Sag das nicht, da bin ich anderer Meinung«, widersprach ich.

»Hört euch das an! Der will Soldat sein und ne eigene Meinung! Welche Italiener denn? Die möcht ick mal erleben.«

Der Ton des Berufssoldaten regte mich auf. »Erstens will ich kein Soldat sein, und zweitens kannst du froh sein, wenn du sie nicht erlebst.«

»Wat für ne Sorte Itaker denn?«

Jetzt wurde ich wütend, ich vergaß alle Vorsicht und sagte: »Die Partisanen, die wissen wenigstens, wofür sie kämpfen.«

Der Stabsfeld glotzte mich an, aus seinem halb geöffneten Mund tropfte Wein. Allmählig begriff er und brüllte: »Du Lump . . . was willst du damit sagen?«

»Nichts . . . war bloß ne Feststellung.«

Unsere Gespräche verstummten. Die plötzlich eingetretene Stille wurde von der Kellnerin unterbrochen, die eine neue Karaffe Rotwein und für mich einen tiefen Teller Spaghetti brachte. Geschirr klapperte und Plätschern des Weines beim Einschenken, dann wieder bleiernes Schweigen. Ungestört konnte ich die Spaghetti um die Gabel drehen. Als die Karaffe leer war, stand Bremer auf. »So, ich muß jetzt nach Monselice, Geld holen.«

»Wir gehen auch«, sagte ich und zog Rolf mit. Der Stabsfeldwebel blieb noch. Leicht beschwingt gingen wir in Richtung Unterkunft, dabei pfiff Rolf den Saint Luis Blues vor sich hin. Als wir in die Via Garibaldi, die zu unserer Unterkunft führte, einbogen, wurde sein Pfeifen vom an- und abschwellenden Dröhnen der Motoren der über uns silbern glitzernden Bomberstaffeln übertönt, die in Richtung Norden zogen.

Am nächsten Tag wurde ich in aller Herrgottsfrühe wach. Erstaunt blickte ich um mich, fragte mich, wo ich war. Ich befand mich in einem kahlen Raum. Das Feldbett, in dem ich lag, quietschte bei jeder Bewegung. Neben mir schnarchte Unteroffizier Gerson. Ich stand auf und ging auf Zehenspitzen zum Fenster. Der Platz vor dem Collegio lag noch im milchigen Grau des frühen Morgens. Gegenüber waren die Bäume und die Häuser der Via Garibaldi nur in Umrissen zu erkennen. Schlafen konnte ich nicht mehr, und in der Unterkunft wollte ich auch nicht bleiben. Ich ging in den Waschraum. Den Wasserhahn drehte ich nur halb auf, wusch mich leise und rasierte mich. Minuten später war ich angezogen, schlich an der Stube des Hauptfeldwebels vorbei, noch ein paar Stufen und ich war im Freien.

Langsam wurde es heller, und der Morgennebel lichtete sich. Ich ging durch die stille Stadt. Nur hie und da aus den Häusern menschliche Stimmen und Hundegebell. Einige Frühaufsteher waren auf der Straße, unterwegs zur Messe, die Glocken von S. Tecla fingen an zu läuten. Ich ging weiter, vorbei am Cavallino Bianco, dann über einen Platz und stand plötzlich vor dem Caffè Borsa. Ein Lichtschein fiel durch die geöffnete Tür. So früh – und schon Betrieb! Sicher für die Bauern, die ihren Caffelatte trinken wollten, bevor sie aufs Feld gingen. Ich stellte mich zu den Männern an der Theke, sie machten mir bereitwillig Platz und manche lächelten mir sogar zu. Das Mädchen hinter der Theke schaute mich fragend an.

»Caffelatte prego!« bestellt ich.

»Si subito . . . ja sofort«, sagte das Mädchen und hantierte an einer großen, chromglänzenden Maschine, aus der Dampf herauszischte wie aus einer Lokomotive. Sie stellte mir eine große Tasse Milchkaffee hin und fragte: »Un Panino?« Ja, ich nahm ein Brötchen.

Während ich am Tresen den heißen Milchkaffee schlürfte und genüßlich das knackend frische Brötchen aß, drängte sich ein Mann mit hohen Stiefeln und zerbeulter Hose an mich heran und sagte im gebrochenen Deutsch! »Wie gefallen dir Este? Schöne Stadt, nicht?« Er roch nach Alkohol.

Ich wandte den Kopf zur Seite und nahm einen Schluck aus der Tasse.

»He, Deutscher! Ich mit dir sprechen!« rief der Angetrunkene.

»Ich aber nicht mit dir«, sagte ich.

Der Mann ließ nicht locker. »Was du hier wollen?«

»Nichts . . . in Ruhe gelassen werden!«

»Wenn du nichts wollen, warum hier? . . . Besatzung, was?«

Ein kräftiger Bursche mit breitflächigem Gesicht griff den Stänkerer am Kragen und schob ihn durch die gaffenden Gäste. »Briccone maledetto!« polterte er, und als er den Mann an die Luft befördert hatte, kam er zu mir zurück und sagte: »Prego – nix denunciare! Lui stùpido . . . ubriaco . . . besoffen!« Und zum Barmädchen: »Per noi un mezzo sangiovese! E due bicchieri per il signore e per me!«

Um meinen Beschützer nicht zu beleidigen, blieb mir

nichts anderes übrig, als mit ihm zu trinken. Es kostete mich einige Mühe, mich nach einer halben Stunde von ihm loszueisen.

Links vor dem Collegio stand ein einsames Haus mit grauer Fassade und hellrotem Ziegeldach; bis jetzt hatte ich den Bau noch nicht beachtet. Vorsichtig ging ich an ein Fenster und versuchte, durch die blinde Scheibe zu schauen. Ich sah, daß die Tür nicht ganz geschlossen war. Durch den schmalen Spalt konnte ich einige weiße Skulpturen erkennen. Ein Bildhaueratelier. Zwischen den Statuen stand ein Mann mit schütterem Haar und weißem Kittel, er sah mich über die halbmondförmigen, blinkenden Brillengläser an:
»Prego – signore?«
»Ich wollte nur . . . io voglio . . . wollte sehen, was hier ist.«
»Prego!« sagte er und öffnete die Tür ganz. Ich zögerte, doch dann siegte die Neugierde. Langsam trat ich ein. Was im Atelier herumstand, die Plastiken aus Ton, die Marmorstatuen, die Gipsabgüsse von Händen, Beinen und Köpfen aus den Regalen, alle möglichen Modellierhölzer und Zeichenkohle, die auf groben Holztischen herumlagen, alles erinnerte mich an den Zeichensaal meiner Schule, des Luisengymnasiums in Berlin, das im November 1943 den Bomben zum Opfer gefallen war.
Der Bildhauer sah mich erwartungsvoll an.
»Qui mi piace . . . hier gefällt es mir«, sagte ich.
»Woher können Sie so gut Italienisch?«
»Ich war ein Jahr in Sizilien stationiert, allein unter Italienern.«
»Sie können ruhig Deutsch mit mir sprechen, ich habe vor 1933 in München studiert. Interessieren Sie sich für die bildenden Künste?«
»O ja! Kunsterziehung war mein Lieblingsfach in der Schule«, erklärte ich, und jetzt entdeckte ich eine gewisse Ähnlichkeit des Bildhauers mit meinem alten Zeichenlehrer. »Ich habe sehr gern gezeichnet und gemalt.«

»Wenn Sie wollen, können Sie hier bei mir zeichnen. Zeichenkohle, Rötelstifte und Sepiakreide habe ich noch. Ich heiße Giovanni Vascon. Die Leute nennen mich nur Professore.« Er gab mir die Hand.

»Und ich bin Unteroffizier Bertram . . . Hans Bertram. Den Unteroffizier können Sie ruhig weglassen. Auf den lege ich keinen Wert.«

Über das runzlige Gesicht Vascons ging ein Lächeln. »Ich freue mich, daß sich ein Soldat für meine Arbeiten interessiert – gerade ein Soldat. Wie alt sind Sie eigentlich?«

»Fünfundzwanzig. Danke, daß ich bei Ihnen zeichnen darf. Ich werde sehr gern kommen.«

»Wie gefällt Ihnen diese Arbeit?« fragte der Bildhauer und zog ein Tuch von einer Marmorgruppe, die auf einem Tisch in der Mitte des Raumes stand. Es war ein in mattem weiß schimmerndes Paar, die »Kreutzer-Sonate«, ein Jüngling, der sich über ein sterbendes Mädchen beugt und ihren Kopf im rechten Arm hält, in der linken Hand noch seine Geige. Dieses Werk hat mir besonders gut gefallen. Eine ganze Weile stand ich stumm davor, bis der Bildhauer mit leiser Stimme erklärte: »Im Angesicht des Todes verstummt die Violine.«

»Bei uns verstummt nicht nur die Musik, auch die Dichter . . .« Ich biß mir auf die Lippen, das hätte ich nicht sagen sollen. Aber als ich sah, daß der Bildhauer mit dem Kopf nickte, faßte ich Vertrauen zu ihm.

»Die Dichter?« fragte er. »Haben die nichts mehr zu sagen?«

»Die Schriftsteller, die der Obrigkeit lästig waren, die kritischen, haben Schreibverbot und dürfen nicht mehr veröffentlichen.«

Der Professore runzelte die Stirn, fuhr mit dem Kopf in der Luft herum und erklärte, auch im faschistischen Italien gäbe es Schreiberbote, aber nur vereinzelt.

»Ist auch für jeden normal denkenden Menschen unverständlich«, gab ich zu und, angeheizt durch seine zweifelnde Miene, erzählte ich von der Bücherverbrennung am 10. Mai 1933 in Berlin, Unter den Linden. Ich erinnerte mich noch genau an die Worte des Propagandaministers Goebbels, der inmitten von Studenten der Humboldt-Universität rief: ›Ich übergebe den Flammen die Werke von . . .‹ Und dann folgten die Namen der Schriftsteller Heinrich und Thomas Mann, Kurt Tucholsky, Erich Maria Remarque, Erich Kästner und anderer.

Vascon war betroffen: Er schaute mich verwundert an und sagte nach einer Weile: »Incredibile . . . pòvere Germania! Armes Deutschland!«

Schon am Nachmittag des nächsten Tages saß ich im Atelier und zeichnete mit Rötelstift eine Marmorskulptur »Die Trauernde«, einen am Boden kauernden weiblichen Akt. Als ich das Bild fast fertig hatte, kam der Maestro und setzte sich neben mich.

»Die Schatten nicht so hart!« erklärte er und wischte mit dem Daumen über das Papier. »Ist doch eine Frauengestalt — weich, ganz weich!« Ich erinnerte mich an meinen alten Zeichenlehrer, der meine Arbeiten oft verbesserte.

Von Tag zu Tag wurden meine Arbeiten besser, reifer. Der Kopf eines sizilianischen Knaben, eine Bleistiftzeichnung, gelang mir besonders gut.

An einem frühen Nachmittag — Professore Vascon machte noch Siesta — saßen Unteroffizier Gerson und ich im Schatten der grünen Markise vor dem Caffè Borsa. Nachdenklich rührte Rolf seinen Cappuccino und seufzte.

»Ist was?« fragte ich.

»Ach, nichts — nichts Besonderes.«

»Du hast doch was, mal raus mit der Sprache!«

»Ich komm bald um vor Langeweile, die Straßen rauf, dann wieder runter, von einer Kneipe in die nächste, immer das Gleiche!«

»Aber der Dienst schmeckt dir auch nicht.«

»Den will Bremer jetzt einführen, Waffenreinigen, Putz-

und Flickstunde und sogar noch Exerzieren. Ich fragte ihn, ob er vielleicht zuviel in der Sonne gesessen hat. Da sagte er, ich muß euch doch irgendwie beschäftigen, sonst kommt ihr auf dumme Gedanken.«

»Ich nicht«, sagte ich.

»Was machste denn?«

»Ich denke.«

»Ach – das ist ja ganz was Neues«, frotzelte Rolf, »an was denn?«

»An die italienischen Freiwilligen, die wir ausbilden sollen. Ärger wird's geben, verdammt viel Ärger.«

»Wieso das?«

»Meinst du, die Italiener, die in deutsche Uniformen gesteckt werden, lassen sich mit Freuden herumkommandieren, wenn uns schon der Dienst anstinkt?!«

»Ich meine gar nichts . . . ist mir auch scheißegal . . .« Dann unterbrach sich Rolf. »Was will denn der?« Er zeigte auf einen etwa 50jährigen Mann, der sich durch die Tischreihen drängte, geradewegs auf uns zu. Er trug einen hellgrauen Hut und einen beigefarbenen Zweireiher. Am Handgelenk blinkte eine goldene Armbanduhr, am linken Ringfinger ein Ring mit bläulich glitzerndem Amethyst. Seine buschigen Augenbrauen trafen in der Mitte der niedrigen Stirn zusammen, und darunter wölbte sich eine große Hakennase.

Vor unserem Tisch blieb er stehen, verbeugte sich und verzog den Mund zu einem breiten Grinsen.

»Pardon, meine Herren, ist es gestattet?« sagte er, und ohne eine Antwort abzuwarten, setzte er sich zu uns. Vornübergebeugt und mit den Ellenbogen auf dem Tisch, plapperte er drauf los: »Bitte entschuldigen Sie! Ich bin Bighelli, Kaufmann . . . Grossist, Import-Export.«

»Wie schön! Und was haben wir damit zu tun?« fragte Rolf.

»Ich könnte Ihnen nützlich sein, ich habe Verbindungen . . .«

»Zu wem denn?« wollte ich wissen.

»Zu Obersturmbannführer Bosshammer vom SD Padua und noch anderen . . .«

»Danke, das reicht!« sagte ich.

Bighelli schien mich falsch verstanden zu haben. »Sehen Sie, meine Herren«, prahlte er, »wie weit mein Einfluß reicht. Ich kann manches . . . Sie würden sich wundern!«

»Das glauben wir Ihnen aufs Wort«, sagte ich. Jetzt legte er los mit flinker Zunge, redete, redete, redete. Ungerührt ließen Rolf und ich den Wortschwall über uns ergehen. Rolf gähnte demonstrativ. Nun bemühte sich Bighelli, uns mit Jubelphrasen zu beeindrucken. »Gut, daß Deutsche Wehrmacht kommt, Ordung schaffen. Hier Chaos!«

»Mal langsam!« versuchte Rolf, den Kerl zu bremsen.

»Pardon, ich begeistert für Großdeutschland . . . Italiener alles Verräter . . . ich schäme mich . . .«

»Bitte, wir haben nichts dagegen«, sagte ich und nahm einen Schluck Cappuccino, der inzwischen kalt geworden war.

»Und noch was: Ich bewundere deutsche Soldaten, deshalb bin ich gekommen zu Ihnen.« Bighelli schaute sich suchend um, kein Kellner war zu entdecken. Erst nach einigen Minuten trat ein schmächtiger Mann im schwarzen Anzug aus dem Dunkel des Caffès.

»Pronto, cameriere!« rief Bighelli und winkte ungeduldig. Der Mann beachtete ihn nicht, ging an einen Tisch am Ende der grünen Markise und kassierte.

»Maledetto!« fluchte der feine Kaufmann und schlug auf den Tisch, daß die Tassen klirrten.

»He, Sie sind nicht allein hier!« fauchte Rolf den Tobenden an.

Endlich näherte sich der Kellner unserem Tisch. Als er vor uns stand, bemerkte ich, daß seine Jacke blankgescheuert und das Hemd schmuddelig war. Sein Gesicht war klein und blaß, 40 Jahre schätzte ich ihn. Mit zitteriger Stimme fragte er: »I signori desiderano? Was wünschen die Herren?«

Bighelli bestellte einen Liter Roten für »seine Helden«, wie er uns augenzwinkernd zu verstehen gab.

»Wollen Sie uns verarschen?« wetterte Rolf. »Saufen Sie Ihren Roten allein! Cameriere, zahlen!«

»Nein, ich zahlen – alles zahlen!« protestierte Bighelli. »Und wenn Sie brauchen Geld, ich habe.«

»Behalten Sie Ihre Kröten!« raunzte ich ihn an. Wir zahlten und gingen.

»Da seid ihr ja endlich! Geht zu Unteroffizier Langer, unserem neuen Fourier, Verpflegung empfangen!« begrüßte uns Feldwebel Bremer, der gerade aus der Schreibstube kam.

»Waaas – kein Verpflegungsgeld mehr?« fragte ich.

»Und nu wieder Topfwurst und Tubenkäse«, maulte Rolf.

»Jawoll, meine Herren. Frisch aus der Heimat, garantiert vitaminfrei«, erklärte Bremer. »Schluß mit dem dolce Vita – finito! Der Kommandeur, ein Hauptmann Lembcke, ist gekommen; zwanzig Mann hat er mitgebracht. Da geht nichts mehr mit Selbstverpflegung.«

»Lembcke heißt er also. Bin gespannt, was das für einer ist«, flüsterte Rolf. »Komm mit! Vielleicht erfahren wir mehr.«

Ich öffnete die Tür zur Schreibstube einen Spalt breit und sah den dicken Obergefreiten auf der Schreibmaschine hämmern. Wir gingen hinein.

»Sag mal, Günter, hast du den Hauptmann schon gesehen?« fragte Rolf.

»Pst, nicht so laut! Er ist nebenan.« Günter wies auf die Tür an der gegenüberliegenden Wand.

»Und wie ist er?«

»Weiß ich doch nicht. Ihr werdet ihn ja früh genug erleben und öfter als euch lieb ist. Er kommt aus dem Mannschaftsstand, ein ehemaliger Zwölfender.« So einen freiwillig Längerdienenden habe ich im Herbst 1941 in Rußland erlebt. Es war in einer stehengebliebenen Scheune in Minsk, die als Frontkino diente. In der Wochenschau wurden gerade Szenen von unseren vorwärtsstürmenden Truppen — und sie stürmten immer — gezeigt, als ein Soldat laut pfiff. Der Film wurde unterbrochen, und das Licht ging an. Ein Hauptmann der Infanterie in der ersten Reihe stand auf, drehte sich um und schrie mit überschnappender Stimme: »Wer hat hier gepfeift?«

Stimme aus dem Hintergrund — laut und deutlich: »Ich habe gepfoffen.« Homerisches Gelächter.

»Wer sind Sie? Stehen Sie auf!« brüllte der Offizier.

Ein Obergefreiter erhob sich langsam von seinem Platz: »Ich!«

Vor versammelter Mannschaft verkündete der Offizier: »Hiermit bestrafe ich Sie wegen Verächtlichmachung der Wehrmacht zu drei Tagen geschärftem Arrest!«

Gerade wollte Rolf eine Bemerkung machen, da sah ich, wie die Tür zum Nebenraum geöffnet wurde; ich stieß ihn an, gerade noch rechtzeitig, denn schon kam Unteroffizier Backhaus heraus und hinter ihm der Hauptmann in Extrauniform aus feinem Wollstoff. Über seinen Bauch spannte sich die — bis auf das Kriegsverdienstkreuz zweiter Klasse — leere Feldbluse. Er hatte ein rundes, rosig glänzendes Gesicht, Pausbacken und Stupsnase.

»Heil Hitler!« begrüßte er uns mit hoch erhobener Rechten. »Wie ist die Stimmung?«

»Super!« brüllte Rolf und warf sich in die Brust.

»Sehr gut, Sie scheinen ein aufgeweckter Bursche zu sein. Sicher haben Sie auch einen Namen.«

»Jawoll, Herr Hauptmann, Unteroffizier Gerson«, meldete Rolf und knallte, eine Verbeugung rückwärts machend, die Hacken zusammen. Um Lembcke zuvorzukommen, stellte ich mich vor.

»Na, das wär's dann. Ich hoffe, daß wir gut zusammenarbeiten. Ordnung und Disziplin! Zack, zack, streng, aber gerecht! Und wenn Sie der Schuh drückt, kommen Sie ruhig zu mir. Haben Sie Vertrauen, ich bin kein Unmensch. Aber Dienst ist Dienst . . .«

»Und Schnaps ist Schnaps«, ergänzte Rolf.

»Ganz schön schlagfertig«, bemerkte Lembcke und grinste.

Ich konnte über das Dahingesagte nicht lachen. Nur einmal hatte ich über einen Offizier, einen ehemaligen gelacht, über meinen alten Lateinlehrer Dominick. Er war im Ersten Weltkrieg Reserveleutnant bei der Artillerie. Wenn er im Unterricht in seinen Erinnerungen an die Militärzeit kramte, gab er seine Fronterlebnisse zum besten. Zum Beispiel mußten Kanoniere, die aufgefallen waren – und es fiel immer jemand auf – mit der Granate in Vorhalte zum Gaudi der Kameraden dreimal um die Batterie hüpfen. Für Dominick war das Soldatspielen eine skurile Episode aus der guten, alten Zeit.

Ein zwei Meter langer Leutnant kam in die Schreibstube. Die Schaftstiefel gingen ihm nur bis zu den Waden, die Breecheshose schlenkerte um die Beine, und der Waffenrock hing an ihm wie Lappen an einer Fahnenstange. Er grüßte mit lässigem Handanlegen an die modisch zerbeulte Schirmmütze. Unbeweglich wie ein Obelisk stand er da, nur der Adamsapfel wippte auf und ab, als er mit Baßstimme meldete: »Leutnant Sander meldet sich gehorsamst zur Stelle.« Der Kommandeur schaute zu ihm hinauf und reckte sich: »Danke, Leutnant Sander.« Und uns erklärte er: »Leutnant Sander ist mein Adjutant.«

Der Lange deutete eine Verbeugung an, und in vornübergeneigter Haltung sah er seinen einen Kopf kleineren Vorgesetzten mit devoter Miene an.

Ich wollte mich unauffällig entfernen, zu spät!

»Unteroffizier Bertram!«

»Herr Hauptmann?«

»Können Sie mal kommen! Wir wollen uns unterhalten.«

Ich wollte nicht, aber mußte trotzdem in sein Dienstzimmer gehen. Ich durfte mich setzen. Der Chef ging an den Aktenschrank und angelte aus einem leeren Aktenordner eine Flasche französischen Cognac, goß sich ein Glas voll und mir auch.

»Prost, auf gute Zusammenarbeit!«

»Prost, Herr Hauptmann!« sagte ich und kippte den Cognac. Lembcke fragte, wie es mir bei ihm gefiel, und erkundigte sich nach meiner Schulbildung, meiner früheren Tätigkeit und wo ich überall eingesetzt war. Ich gab nur allgemeine, unverfängliche Auskünfte. Unvermittelt wollte er wissen, warum ich nicht Offizier geworden sei. Ich war überrascht und mußte erst einige Augenblicke nachdenken. Dann erklärte ich dem Berufsoffizier, daß ich meine Lebensaufgabe nicht darin sehe, junge Menschen zum Töten abzurichten. Lembcke sah mich nur stumm an, wiegte den Kopf, und ich durfte gehen. In der Schreibstube atmete ich auf.

Meine Gedanken wurden durch lautes Klopfen unterbrochen. Ohne das »Herein!« abzuwarten, kam er in die Schreibstube – Bighelli.

»Ach, du mein Schreck!« murmelte ich.

»Was wollen Sie hier?« polterte Backhaus wütend über so viel Unverfrorenheit.

»Ich möchte Herrn Capitano sprechen ... Bighelli, Import-Export.

»Danke, wir kaufen nichts, der Hauptmann hat keine Zeit – für Zivilisten schon gar nicht.«

»Nichts verkaufen ... wichtige Angaben machen – sehr wichtig!«

»Verschwinden Sie – los, avanti!«

»Ich muß aber«, schrie Bighelli.

Der Hauptmann kam aus seinem Dienstzimmer. »Was ist das hier für ein Gebrüll?« Stirnrunzelnd fixierte er Bighelli und sagte zu Backhaus: »Was ist das für ein Kerl? Warum lassen Sie ihn ...«

»Der ist ja einfach hier reingekommen, Herr Hauptmann«, versuchte sich Backhaus zu rechtfertigen.

»Dann schmeißen Sie ihn einfach raus! Was will der eigentlich bei uns?«

»Ich Herrn Capitano sprechen – ganz dringend!« zeterte Bighelli.

»Kommen Sie! Aber nur fünf Minuten«, sagte Lembcke und ließ ihn in sein Zimmer treten.

Als wir wieder allein waren, meinte Backhaus: »Möchte bloß wissen, was der Kerl beim Alten will?!«

»Bestimmt nichts Gutes . . . Vorhin im Caffè Borsa hat sich diese Type bei uns, bei Gerson und mir, anbiedern wollen. Wir haben ihn abblitzen lassen – eiskalt.«

Fünf Minuten vergingen, zehn Minuten, eine halbe Stunde. Der Italiener war immer noch beim Hauptmann. Endlich ging die Tür auf – aber nicht ganz. Lembcke steckte den Kopf durch den Türspalt und befahl Backhaus, eine Flasche Rotwein vom Fourier zu holen.

»Und Sie, Unteroffizier Bertram, können doch etwas Italienisch. Stellen Sie eine Verbindung zum Bürgermeister Chimelli her!«

Ich löste den Obergefreiten Schneider am Klappenschrank ab und stöpselte die Leitung zur italienischen Zentrale. Es dauerte eine Weile – Lembcke und der Import-Export-Kaufmann hatten sich wieder im Zimmer eingeschlossen –, bis ich das »Pronto!« des Bürgermeisters hörte. Ich legte das Gespräch ins Dienstzimmer des Hauptmanns. Natürlich blieb ich in der Leitung und hörte, wie Bighelli mit dem Bürgermeister sprach. Leider konnte ich nicht alles verstehen. Die beiden sprachen zu schnell und im Dialekt des Veneto. Ich hörte mehrmals die Worte »Vino« und »Sigarette« und verstand so viel, daß es sich um ein Geschäft größeren Ausmaßes handeln mußte.

Erst nach einer Stunde kam Bighelli aus dem Zimmer des Chefs. Ohne die Anwesenden eines Blickes zu würdigen, verließ er grußlos das Geschäftszimmer.

Nach einer Weile kam Hauptmann Lembcke in Hausschuhen in die Schreibstube geschlurft, ohne Feldbluse, und sein Hemd war bis zum dritten Knopf geöffnet. Umständlich, geradezu unbeholfen stellte er sich an, als er sich auf den Schreibtisch setzte, offenbar bemüht, sich als einer von uns, als Kamerad zu zeigen. Er schien etwas verlegen und blickte von einem zum anderen. Sein Blick blieb schließlich am Obergefreiten Peukert haften, der am Katzentisch in der Ecke vor der Schreibmaschine saß und einen neuen Bogen einspannte.

»Na, Peukert«, sagte er leutselig und kratzte sich hinter dem Ohr.

»Ja, Herr Hauptmann?«

Lembcke schwieg eine Zeitlang, dann meinte er: »Ein ruhiger Laden hier!«

»Jawoll, Herr Hauptmann, ruhiger Laden«, bestätigte Peukert und nickte.

»Was soll hier schon los sein? sagte Unteroffizier Backhaus.

»Dann wollen wir mal einen los machen«, schlug Lembcke vor, blinzelte uns zu und grinste. »Wollen wir einen zwitschern, was meinen Sie, meine Herren?«

Allgemeine Zustimmung.

»Auf meinem Tisch steht eine offene Flasche, Backhaus, wollen Sie . . .« Schon war Backhaus im Zimmer des Chefs; mit der fast vollen Flasche Rotwein, sangiovese di romagna, kam er zurück.

Lembcke schenkte ein. »Auf was wollen wir trinken?«

»Auf unsere Abteilung«, schlug Backhaus vor.

»Und auf den Endsieg!« rief Lembcke, hielt das Glas vor die Brust und prostete uns zu.

»Na, denn prost!« sagte ich und nippte am Glas. Der Hauptmann trank seinen Wein in einem Zug aus und sah mich erstaunt an. »Was wollen Sie mit ›Na-denn‹ sagen, Unteroffizier Bertram?«

»Nichts − gar nichts, nur 'ne Redensart!« beruhigte ich ihn.

»Übrigens −«, fuhr Lembcke fort, »der Mann, der eben bei mir war, hat jederzeit Zutritt zu mir!«

»Wenn Sie es befehlen, Herr Hauptmann . . .« maulte Backhaus.

»Jawoll, das ist ein Befehl, Backhaus!«

»Dieser Scheiß . . . Herr, wollte ich sagen«, verbesserte ich.

»Der Mann kann uns nützlich sein, und außerdem – man kann sich nicht immer seine Partner aussuchen, mit denen man sich arrangieren muß«, erklärte Lembcke.

»Muß – und warum gerade mit dem . . . dem Bighelli?« fragte Backhaus.

»Wir sind fremd hier, und Bighelli kennt Land und Leute, und außerdem hat er Verbindungen . . .«

»Zur SS«, flüsterte ich.

»Was denn nun schon wieder, Bertram?«

»Zur SS«, wiederholte ich. »Das hat er uns weismachen wollen.«

»Wenn das wahr ist, um so besser«, bemerkte Lembcke und füllte die Gläser. »Wir müssen sehen, wie wir zurechtkommen.«

Ich leerte das Glas in einem Zug und ging.

Es war wieder ein schöner Tag – aber schon sehr warm am Morgen. Im Sportzeug verlegten wir, Obergefreiter Schneider, Gefreiter Seiffert und ich, Telefonleitungen innerhalb des Gebäudes zu den neu aufzustellenden Kompanien und den Dienststellen der Abteilung. Eine zeitraubende Beschäftigung, die Leitungen über Ecken und Kanten, treppauf-treppab und durch die Wände von den Teilnehmern zur Geschäftsstelle der Abteilung zu verlegen. Mit dem Strippenziehen waren wir am späten Vormittag fertig und konnten gleich nach dem Mittag mit dem Anschließen der Leitungen an den Klappenschrank beginnen. Während wir in der Schreibstube die Vermittlung aufbauten, kamen laufend Neuzugänge, Unteroffiziere und Mannschaften, die sich bei Feldwebel Bremer meldeten und, nachdem sie ihre Soldbücher beim Schreiber, dem Obergefreiten Peukert abgegeben hatten, in die Räume in der ersten Etage eingewiesen wurden. Ein Kommen und Gehen wie in einem Bahnhof.

Am frühen Nachmittag war die Vermittlung der Ausbildungsabteilung Italienischer Freiwilliger betriebsbereit. Jetzt konnte man von jedem Apparat in der Unterkunft mit der Außenwelt, mit »Feuerzauber 3«, der Luftflotte, mit dem Luftnachrichtenregiment 2 in Malcesine und mit der italienischen Vermittlung, dem Centralino in Este, telefonieren.

Nach der Arbeit wollte ich ins Atelier zum Professore, um den Kopf eines römischen Legionärs fertig zu zeichnen. Ich verließ gerade das Collegio, als sich fast lautlos ein weißer Sportwagen, ein Alfa Romeo, näherte. Neben dem Fahrer, einem älteren Obergefreiten, thronte Hauptmann Lembcke. Vor ihm die am oberen Rand bläulich getönte Windschutzscheibe, die auch im trüben Großdeutschland das Gefühl gab, unter dem blauen Himmel Italiens zu fahren. Der Wagen war 6sitzig und, wie Bighelli später prahlte, eine Sonderfertigung für einen arabischen Scheich, die wegen des Krieges nicht mehr zur Auslieferung kam. Selbstbewußt um sich blickend, fuhr der Kommandeur vor den Haupteingang des Collegios, wie ein Feldherr nach siegreicher Schlacht vor einen Triumphbogen. Rolf, der gerade aus der Unterkunft kam, rief: »Haste gesehn, Hans, jetzt wird der Alte ganz verrückt. Möchte bloß wissen, wie er an diesen Luxuswagen gekommen ist.«

»Natürlich irgendwo beschlagnahmt, auf gut deutsch: geklaut«, sagte ich.

Am nächsten Morgen um 7 Uhr auf dem Atrium des Collegios. Wir waren zur Parole angetreten. Der Spieß, Feldwebel Bremer, meldete dem Hauptmann: »Abteilung mit 14 Unteroffizieren und 38 Mann angetreten!«

Hauptmann Lembcke gab sich einen Ruck und legte die Hand an den Mützenschirm. Mit glänzenden Augen nahm er die Meldung entgegen, »Danke, Herr Hauptfeldwebel!«, und rief mit Fistelstimme: »Morjen, Leute!«

»Morgen, Herr Hauptmann!« schallte es im Chor zurück.

Scheinbar unbeteiligt und gerade wie eine Bohnenstange, stand der Adjutant neben seinem Herrn und blickte gelangweilt auf den diensteifrigen Feldwebel hinunter, der eine zackige Kehrtwendung machte und »Rührt euch!« brüllte.

Der Hauptmann rückte das Koppelschloß zurecht und räusperte sich. Gut gelaunt und selbstbewußt blickte er auf die Dreierreihe des Stammpersonals. »So, so«, sagte er kopfnickend, »also das sind meine Männer.«

»Jawoll, Herr Hauptmann!« bekräftigte der Hauptfeldwebel mit lauter Stimme.

»Alles Männer, auf die ich mich verlassen kann?«

»Und wie!« versicherte Bremer und bemühte sich, ein dienstfreudiges Gesicht zu machen.

Dann der Hauptmann zu uns: »Wir haben die Aufgabe, eine neue Truppe aufzustellen, eine Ausbildungsabteilung italienischer Freiwilliger. Dabei werden uns auch die Offiziere, die gestern abend hier eingetroffen sind, unterstützen. Es sind dies Oberleutnant de Greiff, Leutnant Ruben, unser italienischer Kamerad, Tenente Roatti, und Zahlmeister Helmboldt.«

In der Reihenfolge der Namensnennungen traten die Offiziere einzeln und gravitätisch aus dem Dunkel der Säulengänge. Höflich und beflissen grüßten sie den Kommandeur und sahen uns lächelnd an. Nach dieser Vorstellung fuhr der Hauptmann fort: »Morgen fährt ein Kommando nach Cremona und übernimmt von der Brigata Nera, den Faschisten, 250 junge Männer, Freiwillige – Sie brauchen gar nicht so zu grinsen, Unteroffizier Gerson –, also Freiwillige ... Leutnant Ruben!«

»Herr Hauptmann?«

»Sie führen den Haufen. Ich denke, 10 Unteroffiziere und 25 Mann genügen.«

»Jawoll, genügen«, griente Leutnant Ruben.

Am Abend saßen wir, Unteroffizier Gerson und ich, im Caffè Borsa. Der sonst so redselige Gerson schwieg und zog mit dem Zeigefinger die nassen Ringe, die die Gläser auf der Tischplatte hinterließen, nach. Ich sah dem Geschmiere einige Zeit zu, schließlich wurde mir Rolfs Getue zu dumm. »Was soll der Unsinn?«

»Hier, dieser Kreis, das sind wir, und in der Mitte drin, da sind die Freiwilligen. Und wenn einer davon abhauen will – peng, peng, dann kriegt er eins geballert . . . Hallo, Cameriere, noch eine Halbe!«

»Mensch, Rolf, besauf dich nicht! – Da kommt der Stabsfeldwebel Krämer.«

Der Stabsfeld setzte sich an unseren Tisch, stieß Rolf an und lästerte: »Du trinkst dir wohl Mut an für Morgen, wenn du die Freiwilligen holst.«

»Jawoll, Herr Stabsfeld, ich freue mich schon drauf, den Sklaventreiber spielen zu dürfen«, lallte Rolf.

»Wollt ich auch gemeint haben«, höhnte Krämer. »Wird Zeit, daß den Itakern mal Dampf unterm Arsch gemacht wird, bei Preußens . . .«

»Hör auf mit Preußens!« fuhr ich ihn an. »Unser Haufen ist zehnmal schlimmer als die Preußen, die haben nicht auf Zivilisten geschossen, wie es uns befohlen wird, wenn einer abhauen will.«

»Woher weißte das, du Schlaumeier?«

»Ich hab ein bißchen mehr gelernt als Hackenklappen und Jawoll-sagen. Die preußischen Truppen haben sich im Mai 1871 vor Paris geweigert, auf Zivilisten, die Kommunarden Gambettas, zu schießen; das mußte die Heeresleitung den französischen Gefangenen überlassen, die sie wieder bewaffnet hatte. So war Preußens Gloria gerettet.« Ich hatte genug von diesem Stabsfeldwebel und zog Rolf am Arm. »Komm, wir verschwinden!« Übel gelaunt schwankten wir beide zurück zur Unterkunft.

Zwei Tage später kamen die Italiener, eskortiert von unseren Leuten mit scharf geladenen Karabinern, in Este an. Einfache, junge Burschen, von Schwarzhemden zusammengetrieben und uns übergeben. Von den ursprünglichen 250 Mann waren nur 238 übrig: Zwölf »Freiwillige« waren während der Fahrt auf freier Strecke aus den offenen Güterwagen gesprungen. Offensichtlich hatte der Lokführer die Geschwindigkeit an zum Absprung geeigneten Stellen gedrosselt, um seinen Landsleuten die Flucht zu ermöglichen. Insgeheim bewunderte ich diese Burschen, die sich im Bruchteil einer Sekunde entschieden hatten, in die Freiheit zu springen und dabei riskierten, von uns abgeknallt zu werden.

Die Italiener traten mittags auf dem Innenhof an. Die beiden Dolmetscher, Feldwebel Linn und Feldwebel Felkel, ein Auslandsdeutscher aus Florenz, bemühten sich redlich, den Männern klarzumachen, was eine Linie und was eine Reihe ist; erst nach etlichen »Attenzione!« gelang es ihnen, die Burschen in Linie zu drei Gliedern aufzustellen, die Kompanien darstellen sollten; die erste übernahm Oberleutnant de Greiff, die zweite Leutnant Ruben und die dritte der italienische Tenente Roatti. Nacheinander meldeten die drei Offiziere dem Kommandeur: »Kompanie angetreten!« Das Gesicht des Hauptmanns strahlte, und er rief mit gespieltem Zorn: »Das – eine Abteilung? Dieser Sauhaufen? Wie er dasteht ... die Linie, wie ein Bulle pißt! ... Und Sie da!« Er zeigte auf einen kleinen Italiener, einen schwarzen Lockenkopf, der ihn freundlich anlächelte, und sagte: »Und Sie lassen sich Ihre Schmachtlocken abschneiden, Sie Tangojüngling ... Papagallo! Verstanden? Capito?«

»Nix verstehen, signor capitano.«

»Machen Sie ihm das klar, Feldwebel Felkel!«

»Jawoll, Herr Hauptmann!«

»Dann lassen Sie wegtreten zum Einkleiden!«

In der Kleiderkammer gab es ein heilloses Durcheinander: Käppis, Koppel, Kragenbinden, Fußlappen, Stiefel, alles flog auf die Zeltbahn, die jeder Freiwillige vor dem »Kammerbullen«, Unteroffizier Willner, ausbreiten mußte. Dann das Einkleiden: Die Hosen und die Feldblusen waren meistens zu groß, und die Käppis rutschten über die

Ohren. Wagte ein Rekrut einen Einwand, hieß es: »Paßt — hauen Sie ab!« Die Abgefertigten nahmen die drei Ecken der prall gefüllten Zeltbahn, machten so ein sackähnliches Gebilde, das sie über die Schulter warfen. Auf dem Weg zum ersten Stock in die Stuben hinterließen sie eine Spur herausgefallener Kleidungsstücke — Patronentaschen, Socken, Feldflaschen und anderes. Während die einen die Flure nach verlorenen Ausrüstungsstücken absuchten, vervollständigten die anderen ihre Habe aus den Beständen der Suchenden. Keiner wußte mehr, was er hatte und was er haben mußte. Zank und lautes Fluchen: »Porca miseria!« Zwei Italiener gerieten aneinander, fast kam es zu einem Handgemenge. Feldwebel Felkel konnte gerade noch die Streithähne besänftigen, und die Ruhe und Ordnung war wieder hergestellt.

Um ein Uhr mittags wieder antreten, diesmal zum Essenfassen. Obergefreiter Peters, der »Küchenbulle« aus Ostfriesland, der für das leibliche Wohl der Italiener zuständig war, hatte, während die Neuen eingekleidet wurden, in der Feldküche auf dem Hof Spaghetti gekocht. In langen Reihen standen die Rekruten vor der Gulaschkanone und klapperten ungeduldig mit den Bestecken. Einer nach dem anderen bekam seine Portion ins Kochgeschirr geschaufelt und in den Deckel Tomatensugo. Vom dauernden Essenausgeben wurde dem schwitzenden Peters der Arm lahm. Er blickte auf die Schlange der Hungrigen und dann in den Kessel: Er wurde blaß, das reichte nicht, und dabei hatte er schon reichlich gekocht, riesige Mengen! Zu seinem Schrecken wurde die Schlange der Wartenden immer länger. Die Männer hatten nach dem Essen ihre Kochgeschirre abgespült und sich wieder hinten angestellt. Unmöglich, bei den vielen Neuen festzustellen, wer schon gegessen hattte und wer nicht. Dem armen Peters blieb nichts übrig, als nochmal zu kochen. Um 3 Uhr nachmittags war er mit der Essenausgabe fertig, und er selbst auch.

Dann hieß es, ab auf die Stuben! Zehn Minuten später

wieder heraustreten, diesmal in Uniform zur Einteilung der Freiwilligen in Züge und Trupps. Wie ein aufgescheuchter Bienenschwarm rannten die Neuen durcheinander. Mit der Stille des bischöflichen Collegios war es vorbei – wo einst die Schüler in frommer Beschaulichkeit unterrichtet wurden, polterten eisenbeschlagene Schaftstiefel über die Flure, dröhnten laute Kommandos durch das Gebäude: »Schneller, beeilt euch, ihr lahmen Krücken! . . . Tempo, tempo . . . avanti, avanti!«

Bis in die Schreibstube war das Gebrüll zu hören. Hier saßen Unteroffizier Backhaus und ich beim Vermittlungsdienst am 50er Klappenschrank.

»Hör dir das an, Bertram!« sagte Backhaus. »Bin froh, daß ich von diesem Wirbel verschont bleibe . . . lieber Dompteur einer Raubtiernummer im Zirkus!«

»Wirst schon noch dein Fett abkriegen in unserem Zirkus«, brummte ich ungehalten, weil er mich beim Lesen meines Briefes störte. Der Dienst war noch sehr ruhig, wenig Anrufe. Anscheinend hatte es sich bei den angeschlossenen Dienststellen noch nicht herumgesprochen, daß es uns gab.

»Laß mich in Ruhe!« sagte ich. »Will mal sehen, was mein alter Herr geschrieben hat.«

Wieder ein Bombenangriff auf Berlin, jetzt kamen die Bomber auch am hellichten Tag, den Koffer mit Papieren und Wertsachen immer bereithalten . . . jederzeit konnte es Fliegeralarm geben. Meine Schwester Ingrid war beim Roten Kreuz, und dabei konnte sie früher kein Blut sehen . . . hatte lange nicht geschrieben . . . Peppi, der Sohn des Bäckers Ulrich, war in Stalingrad gefallen, und der kleine Zilonka aus dem Nebenhaus hatte beide Beine verloren, das hatte »Püppi« Schulz erzählt, die über uns wohnte in der Calvinstraße in Moabit. Unser Haus 28 wurde im November 1943 total bombengeschädigt; danach bei Vaters Schwester Herta in der Prinz-Louis-Ferdinand-Straße untergekommen, endlich am Bayerischen Platz eine beschädigte Wohnung gefunden, Schutt weggeräumt und die zerbrochenen Fensterscheiben durch Pappe ersetzt . . . dann die in jedem Brief gestellte Frage: Wann kommst du auf Urlaub?

»Hoffentlich bald«, flüsterte ich zu mir selbst.

»Hast du was gesagt?« fragte Backhaus.

»Nee, nur laut gedacht. Zu Hause geht alles drunter und drüber, und wir sitzen hier rum wie die Blöden . . .«

»Und dressieren Freiwillige«, unterbrach Backhaus. »Hast recht, aber immer noch besser, als in Rußland in der Scheiße zu sitzen . . . vorwärts Kameraden, es geht zurück . . . avanti, die Front verkürzen!«

Langsam gingen die Tage dahin. Ich war froh, mit dem Drill der Italiener nichts zu tun zu haben. Als Nachrichtenunteroffizier war ich mit drei Mann für den Vermittlungsdienst zuständig. Wenn ich nicht am Klappenschrank saß, war ich beim Professore und zeichnete.

An einem späten Nachmittag kam ich aus dem Atelier. Gut gelaunt schlenderte ich über den Platz zum Collegio. Kurz vor der Einfahrt quietschten plötzlich Bremsen hinter mir, ich konnte gerade noch zur Seite springen. Der weiße Alfa Romeo. Lembcke grinste und sein Fahrer, Obergefreiter Braune, kugelte sich vor Lachen. Am meisten aber ärgerte mich Bighelli, der hinter den beiden im Fond saß und hämisch grienend auf mich herabsah.

»Hallo, Bertram!« rief der Hauptmann. »Kommen Sie gleich mit, ich muß etwas mit Ihnen besprechen.« Und zum Fahrer: »Los, weiter. Halten Sie vor der Schreibstube!«

Der Wagen ruckte an, und Bighelli, der schon aufgestanden war, fiel auf den roten Ledersitz zurück. Der Fahrer hielt im Torbogen, und Lembcke sprang aus dem Wagen und ging in die Schreibstube. Bighelli zwängte sich ächzend durch den Ausstieg des Alfa Romeo und stolzierte hinter ihm her.

»Na, Backhaus, gibt's was Besonderes?« fragte Lembcke den Unteroffizier, der am Schreibtisch saß und Dienstpläne schrieb.

»Nein, Herr Hauptmann, keine besonderen Vorkommnisse!«

»Ich brauche zwei Mann, die die Kiste aus dem Wagen holen. Hier vor der Tür.«

»Jawoll, Herr Hauptmann, zwei Mann!« Lembcke öffnete die Tür zu seinem Zimmer und bat Bighelli und mich mit einer einladenden Handbewegung einzutreten. Seine Höflichkeit mir gegenüber kam mir eigenartig, ja verdächtig vor, ich war gespannt, was er von mir wollte. In seinem Zimmer sagte er: »Bitte, meine Herren, nehmen Sie doch Platz!«

Bighelli und ich setzten uns in die Ledersessel vor seinem

übergroßen Schreibtisch. Lembcke holte eine Flasche Wein aus seinem Aktenschrank.

»Salute – zum Wohle, meine Herren«, sagte er, dann zu mir: »Ich habe gehört, Sie gehen in Ihrer freien Zeit zu einem Italiener, einem gewissen Vascon, hier nebenan.«

»Ja, ist das verboten?«

»Nein, das grade nicht . . . kommt darauf an, was Sie da machen.«

»Nichts weiter – nur zeichnen und malen.«

»Malen? Das trifft sich gut, dann können Sie meine Adresse auf die Kiste malen«, sagte Lembcke und lächelte über seinen Gag. Ich fand seine Bemerkung keineswegs witzig, noch nicht einmal geistreich. In patzigem Ton, der einem Vorgesetzten gegenüber gewagt, geradezu leichtsinnig war, fragte ich: »Welche Kiste meinen Sie denn?«

Der Kommandeur überhörte meinen frechen Ton und lächelte etwas säuerlich. Gerade als er mir antworten wollte, wurde die Tür aufgestoßen, zwei Freiwillige stolperten mit einer großen Kiste herein.

»Diese Kiste – da kommt sie grade«, sagte er, und zu den beiden Rekruten! »Vorsicht . . . attenzione! Da ist auch Olivenöl drin.«

Ich überlegte, wie ich um diesen Auftrag herumkommen könne. Mir fiel nichts besseres ein als: »Ich habe aber keine Farbe und den richtigen Pinsel . . .«

»Ich bringe – kann alles besorgen«, meldete sich Bighelli und schaute den Hauptmann an wie ein Hund, der ein »Brav-gemacht« erwartete. Lembcke nickte ihm dankbar zu und sagte erleichtert: »Dann ist ja alles bestens! Und morgen bringe ich eine Korbflasche Moscato für meine Leute.«

»Wie geht's denn unserem Kunstmaler?« lästerte Rolf, er hatte sich nach dem Exerzieren rücklings auf einen Stuhl gesetzt und die Ellenbogen auf die Lehne gestützt. Interessiert sah er zu, wie ich die Kiste mit großen, schwarzen Buchstaben bepinselte: »DIENSTGUT – HERRN

HPTM. LEMBCKE, LÜBECK-TRAVEMÜNDE, STRAND, STEENKAMP«

»Du hast mir grade noch gefehlt, ist schon die dritte Kiste in dieser Woche«, sagte ich.

»Ganz schön tüchtig, unser Alter – im Beschlagnehmen ...«

»Im Klauen, wolltest du wohl sagen ...«

»Was ist denn da alles drin?«

»Kleiderstoffe, Schokolade, Tabakwaren, Olivenöl und andere Mangelwaren ... lauter schöne Sachen. Alles abgestaubt!«

»Mit Bighellis Hilfe, der weiß, wo's was gibt. Natürlich sahnt der Spitzel mit ab. Möchte wissen, wie lange sich die Bevölkerung sich das gefallen läßt«, sagte Rolf und wiegte den Kopf.

»Läßt sie schon jetzt nicht mehr ... Partisanen soll es geben, hat Sander erzählt.«

»Etwa hier? Glaube ich nicht ... Hier in der Ebene?«

»Nein, aber weiter im Norden auf den Hügeln, den Colli Euganei.« Rolf hatte mit offenem Mund zugehört. »Das ist mir neu«, gestand er. »Vor sechs Wochen, Anfang Mai, da gab's noch keine Partisanen.«

»Da gab's auch noch keinen Hauptmann Lembcke hier. Mit seinen Raubzügen macht er die Leute zu Partisanen, und Sander soll sie bekämpfen. Eine neuartige Arbeitsteilung! So machen sich Etappenschweine unentbehrlich ...«

»Und profitieren noch dabei«, unterbrach mich Rolf.

»Und keiner kann den Alten daran hindern.«

»In der RSI – der Sozialistischen Republik Italien – müßte es doch eine Behörde geben, die etwas dagegen ...«, meinte Rolf.

»Republik?« unterbrach Feldwebel Felkel, der gerade die Schreibstube betreten hatte. »Das, was von Italien übrig ist, die Po-Ebene? Ist doch nur besetztes Gebiet wie Polen, von der Wehrmacht aufgeteilt in Operationszonen: die italienischen Küsten, Operationszone ›Adriatisches

Küstenland‹, und die Gebiete des Appenin, dazu noch Südtirol, die Operationszone ›Alpenvorland‹.«

»Aber es gibt doch noch einen Mussolini, seine Regierung . . .«, gab ich zu bedenken.

»Regierung?« sagte Felkel. »Ein Marionettentheater; die Fäden zieht der SD, Chef des Ganzen ist der SS-General Wolff. Das merkt ihr schon, wenn ihr über den Brenner fahrt: SS-Männer kontrollieren die Grenze.«

»Weil die Italiener uns verraten haben wie im Ersten Weltkrieg«, erklärte Rolf.

»Dieses Märchen glaubst du? Genau das Gegenteil ist richtig, wir haben Italien verraten.«

»Jetzt verstehe ich gar nichts mehr. Wer hat dir das weisgemacht, Felkel?«

»Ich wohne schon seit 1932 in Florenz, und da erfuhr man manches, was in Groß-Deutschland verschwiegen wird . . . Von wegen Bündnistreue! Wißt ihr, wie der Stahlpakt mit Italien zustande gekommen ist? 1938 und 1939 – auf Drängen Hitlers. Dann hat er, ohne seinen Bündnispartner vorher zu unterrichten, mit dem Überfall auf Polen den Zweiten Weltkrieg ausgelöst. Dabei hatte Ribbentrop noch im Mai 1939 in Mailand feierlich versichert, Deutschland werde ohne vorherige Absprache nie eine Entscheidung treffen, die zum Krieg führt. Hitler hat Italien in den Krieg gezogen, obwohl er wußte, daß der Duce auf einen Krieg nicht vorbereitet war.«

»Aber Mussolini hätte doch nicht mitzumachen brauchen« meinte Rolf.

»Er wollte eben nicht als Verräter gelten – wie Italien 1915. Die Italiener sind im Grunde ganz friedliche Bürger – ihr kennt sie ja: temperamentvoll, keine Soldaten und erst recht keine Lemminge, die ihrem Duce zuliebe in den Untergang nachrennen.«

»Aber die Aufmärsche . . . das Duce-Gebrüll!«

»Operettenhaftes Gehabe«, versicherte Felkel, »Freude an bunten Uniformen, Lametta, Fahnen . . . Der Duce mit martialisch vorgeschobenem Unterkiefer in Cäsarenpose, sein eigenes Denkmal, und heute – ein seniler Greis, alleingelassen, ein Hampelmann unter Wolff.

»Aber die deutschen Behörden, der SD und die SS-Dienststellen, die müßten doch das Plündern verbieten«, sagte ich.

»Die? Die klauen selber alles, was nicht niet- und nagelfest ist.«

Donnerstag, später Juli. Die Luft war frisch, eine dunkle Wolke schob sich vor die Sonne, Wind kam auf und wirbelte Sand hoch, der an den Hauswänden entlangtanzte. Die ungewohnte Kühle tat mir gut. Ich atmete tief durch, um den Geruch von Ölfarbe und Terpentinöl loszuwerden. Den ganzen Nachmittag hatte ich beim Professore gemalt, ein Bild »Die Kreutzer-Sonate« angefangen. Ich wollte mich im Giardino Pubblico, dem Park im Castello dei Carreresi, von der Arbeit entspannen und mich im Grünen erholen. Noch in Gedanken, welcher Hintergrund für die Marmorgruppe am besten geeignet wäre, ein *Terra di Siena* oder *Umbra* mit etwas Grün gemischt, ging ich die Via Garibaldi entlang, vorbei an der alten Kirche, der Chiesa Abaziale S. Tecla. Als ich auf der Via Guido Negri war, die zum Kastell führte, wurde ich durch lautes Stimmengewirr aus meiner Grübelei geweckt: Gruppen von Männern aller Altersstufen standen auf der Straße und diskutierten temperamentvoll und gestenreich. Irgend etwas mußte geschehen sein, etwas ganz Unerhörtes. Um zu erfahren, was los war, änderte ich mein Vorhaben. Statt in den Park zu gehen, bog ich in die Via Matteoti ein in Richtung Caffè Borsa, Umschlagplatz der Meinungen.

Das Caffè war überfüllt, an der Theke drängten sich die Männer. Auch draußen unter der Markise waren alle Tische besetzt. Ein junger Mann mit schwarzem Kraushaar stand auf und bot mir seinen Platz an. Die drei Männer am Tisch rückten zusammen und nickten mir freundlich zu.

»Scusi, signori, che cosa è successo? Was ist passiert?« fragte ich.

»Una bomba, Hitler kaputt!« berichtete mir gegenüber ein Mann mit ölverschmiertem Overall und fuhr mit der Handkante über die Gurgel. Obwohl ich mich leidlich verständigen konnte, war Genaueres nicht zu erfahren. Die Männer wußten nicht mehr, als daß im Führerhauptquartier eine Bombe explodiert war.

Jetzt wurde ich von der allgemeinen Spannung angesteckt, wurde neugierig und überlegte, wie ich an genaue Informationen über das kommen könne, was im Führerhauptquartier vorgefallen sein sollte. Ich hatte mich an das Dasein Hitlers so gewöhnt, daß es mir abwegig erschien, mir ein Deutschland ohne ihn vorzustellen. Und wenn es den Führer doch erwischt haben sollte, überlegte ich, was dann? Ich mußte schnell zurück in die Unterkunft, vielleicht war da mehr zu erfahren. Gerade wollte ich aufstehen und gehen, als ein Paar die Via S. Rocco herunterkam. Es war Feldwebel Felkel mit einer bildschönen Italienerin.

»Hallo, Felkel!« rief ich und winkte die beiden heran. Sie kamen an meinen Tisch und sahen sich nach freien Stühlen um. Die Italiener standen auf und boten ihnen ihre Plätze an. Bevor sie sich setzten, stellte mich Felkel der Signora vor: »Das ist Unteroffizier Bertram – und das«, mit einem Seitenblick auf sie, »meine Frau Beatrice.«

Sie lächelte mir freundlich zu. Die Signora hatte ein feines Gesicht und dunkles Haar, das im Nacken zu einem lockeren Knoten gewunden war. Sie sagte mit weicher Stimme: »Piacere, angenehm – mein Mann hat mir schon von Ihnen erzählt.«

»Was ist denn los? Die Leute hier – so aufgeregt«, fragte Felkel.

»Ein Attentat auf Hitler, soviel ich verstanden habe.«
»Ist das Schwein tot?«
»Mensch, nicht so laut! Feind hört mit. Ich weiß es nicht. Schön wär's ja. Dann wäre die ganze Scheiße vorbei – oh, Verzeihung, Signora Felkel!«

»Macht nichts, das bin ich von meinem Mann schon gewöhnt . . . treffender kann man eure Lage nicht bezeichnen«, sagte die Signora.

Wir warteten schon eine ganze Weile auf die Bedienung, aber niemand kam. Felkel wurde ungeduldig: »Ich glaube, wir werden hier nicht mehr bedient . . . gehen wir ins Hotel, da können wir die Sendungen aus Rom ungestört hören . . . Den Cappuccino kannst du auch im Albergo Centrale trinken, Beatrice . . . Willst du mitkommen, Bertram?«

»Ich denke, es ist besser, ihr hört die italienischen Sendungen ab, und ich gehe in die Unterkunft und werde mich mit dem Regiment in Malcesine in Verbindung setzen . . . Die kennen mich noch, ich war früher beim Regimentsstab. Vielleicht hört da jemand was von der Luftflotte, was los ist im OKW.«

Als ich das Geschäftszimmer betrat, war kein Laut zu hören, nur das Klicken am Klappenschrank, wenn ein Anruf kam, und ein leises, metallisches Geräusch, wenn Obergefreiter Schneider die Verbindung stöpselte. Tenente Roatti, der italienische Kompanieführer, stand neben Schneider und sah zum Fenster hinaus: Der Platz vor dem Collegio, auf dem sich sonst immer irgendwelche Leute aufhielten, war verödet. Auch die spielenden Kinder waren verschwunden. In der Mitte des Raumes saß Leutnant Sander auf dem Tisch, ließ die Beine baumeln und ritzte mit seinem Offiziersdolch seine Initialen in die Tischplatte. Spannung lag in der Luft. Schweigen. Der Obergefreite saß vor der Schreibmaschine und putzte umständlich seine Brille.

Hauptmann Lembcke kam aus seinem Zimmer. Durch die offene Tür hörte ich leise Radiomusik, den Badenweiler Marsch. Mit gedämpfter Stimme sagte er: »Setzen Sie sich an den Klappenschrank, Unteroffizier Bertram, und versuchen Sie, Verbindung mit Malcesine aufzunehmen. Im OKW scheint etwas durcheinanderzulaufen. Wenn Sie rauskriegen, was da läuft – Meldung.«

Offensichtlich wollte sich Lembcke aus dem Durcheinander, das in Berlin und der »Wolfsschanze« herrschte, so lange heraushalten, bis die Machtverhältnisse geklärt waren, und sich dann der Macht unterstellen, die sich am Ende durchsetzte.

Fast eine halbe Stunde versuchte ich, das Regiment zu erreichen. Endlich meldete sich eine Stimme: »Feuerzauber drei!«

»Bitte Oberfeldwebel Scheller.«

»Ich rufe.« Leises Ticken in der Leitung.

»Feuerzauber . . . wer ist denn da?«

»Hier Ausbildungsabteilung Este . . .«

»Ihr habt uns grade noch gefehlt!«

»Hier ist Bertram.«

»Mann, warum haste det nich jleich jesacht. Wat willste denn?«

»Gib mal Oberfeldwebel Scheller oder Tack!«

»Uno momento . . . die meldn sich nich . . . sind sicher beim ollen Bindedraht – entschuldje, Major Bindewald!«

»Dann jemand anders von den alten Säcken!«

»Ick jeb dir Feldwebel Dröge.«

»Was, der ist schon Feldwebel?!«

»Na klaa, so schnell jeht det bei uns. Wir sind eben ne schnelle Truppe.«

»Nun gib mir schon Freund Dröge!«

»Subito, subitissimo!«

Wieder ein Ticken in der Leitung.

»Feldwebel Dröge.«

»Hallo, Karl! – Hier ist Hans . . . Hans Bertram.«

»Mensch, Hans, altes Haus, wo steckst du denn?«

»In der Ausbildungsabteilung für italienische Freiwillige in Este.«

»O je!«

»Was meinst du mit ›o je‹«

»Nichts weiter . . . bei dem verrückten Haufen, hab ich gedacht. Was gibt's? Warum rufst du an?«

»Kannst du mir sagen, was da los ist?«

»Wo? . . . Jetzt weiß ich, was du willst . . . das Attentat

auf Hitler! Genaues wissen wir hier auch nicht – nur daß sich aus Berlin ein General von Witzleben als neuer Oberbefehlshaber der Wehrmacht gemeldet hat, so ungefähr: ›Alles hört auf mein Kommando!‹ Das ist aber wieder von anderer Seite widerrufen worden.«

»Und jetzt? Was macht ihr jetzt?«

»Nichts . . . ich denke, Kesselring wartet ab, wie sich die Dinge entwickeln, bis wieder klare Verhältnisse herrschen.«

»Unser Hauptmann will aber wissen . . .«

»Wir auch . . . Dann sag ihm, er soll im Führerhauptquartier nachfragen – der gnädige Herr Lembcke.«

Die Luftflotte schien tatsächlich nicht darüber informiert zu sein, was sich im Führerhauptquartier, der »Wolfsschanze«, und in Berlin zugetragen hatte. Um dem Hauptmann wenigstens eine hinhaltende Antwort geben zu können, bat ich Dröge um einen Gefallen.

»Ja, Hans – und das wäre?«

»Sag eurer Vermittlung Bescheid, wenn die was Neues erfahren, sollen sie mich anrufen.«

Es dauerte fast bis Mitternacht, bis die Meldung über das Regiment durchkam: Das Attentat wäre mißglückt, der Führer nur leicht verletzt. Das OKW wäre Herr der Lage.

Ich mußte einige Male an die Tür klopfen, bis sich die verschlafene Stimme des Kommandeurs meldete. Als ich sein Zimmer betrat, richtete sich Lembcke auf dem Sofa auf und knipste die Schreibtischlampe an.

»Was gibt's Neues, Bertram?«

»Der Führer lebt, der Putsch ist gescheitert.«

»Na also!« sagte Lembcke und seufzte erleichtert. »Dann können wir ja beruhigt sein.«

Am Morgen des 21. Juli. Vom Pfeifen und Brüllen des U. v. D. wurde ich unsanft geweckt. Ich reckte mich und gähnte laut. In der Nacht hatte ich auf der Pritsche neben dem Klappenschrank nur in kurzen Intervallen schlafen können. Ich trat vor die Tür und atmete tief durch.

Der Unteroffizier vom Dienst rannte auf den Hof, pfiff und brüllte: »Heraustreten zur Parole!«

Gleich danach das Geschrei der Unterführer, der Feldwebel und Unteroffiziere: »Avanti ... presto, presto ... schnell, schnell!« Nur wenige Minuten dauerte es, bis die Abteilung stand.

Da kam er auch schon, der Kommandeur. Vorbei waren seine Zweifel und die Ungewißheit, jetzt war er wieder voller Entschlußkraft, wußte, wem er unerschütterliche Treue geloben konnte.

Nach der Meldung »Abteilung angetreten!« schritt er hoch erhobenen Hauptes und mit wild entschlossener Miene die Front ab. Dann stellte er sich wieder vor die Abteilung, stemmte die Hände in die Hüften und verkündete mit lauter Stimme: »Meine Herren – Kameraden! Eine verbrecherische Offiziersclique hat gestern am 20. Juli ein Attentat auf unseren Führer Adolf Hitler verübt. Diese minderwertigen Kreaturen, Handlanger der Bolschewisten und Plutokraten, haben ihr schändliches Ziel nicht erreicht; unser Führer lebt ... die Vorsehung war auf seiten unseres geliebten Adolf Hitler ... er ist nur leicht verletzt ... Unserem Führer ein dreifaches Sieg-Heil ... Sieg-Heil ... Sieg-Heil!«

Das Echo auf »Heil!« war nur mäßig und kam kleckerweise, wobei die Italiener das H verschluckten, so daß nur ein »Eil« zu verstehen war.

Während des ganzen Spektakels hatte ich den Fahrer des Hauptmanns, den Obergefreiten Braune, beobachtet, der im Torbogen stand mit einem Hund an der Leine, den er nur mit Mühe zurückhalten konnte.

»Backhaus!« rief ich. »Guck dir das an!«

Backhaus kam aus der Schreibstube, strich sich das Haar aus der Stirn: »Jetzt ist der Alte auf den Hund gekommen ...«

»Aber auf einen d e u t s c h e n«, ergänzte ich, wobei ich bei »deutschen« die Stimme hob. »Möchte wissen, was er mit diesem Kalb anfangen will.«

»Vielleicht braucht Lembcke den Köter als Schutz bei seinen Raubzügen, es könnte ihm doch mal mulmig werden, wenn er einem Zwei-Zentner-Hünen, Marke Panzerschrank, gegenübertritt.«

»Hasso, komm zurück!« rief Braune. Aber schon hatte sich der Hund losgerissen, setzte mit großen Sprüngen zu seinem Herrn, schnellte bellend und jaulend an ihm hoch und leckte ihm die Hände.

»Ja doch, Hasso – schon gut!« zürnte Lembcke und versuchte, sich den stürmischen Liebkosungen seines Hundes zu entziehen.

»Guck dir das an, Bertram! Wie sich das Tier freut, wenn es den Alten sieht«, sagte Backhaus.

»Ist auch der einzige, der sich über den Alten freut.«

Wieder ein sonniger Tag, der 23. Juli. Gruppen von drei und vier Männern, die nach der Messe vor der Kirche S. Tecla herumstanden, starrten auf die blaugraue Marschkolonne, die mit Stahlhelm und geschultertem Gewehr an ihnen vorbeizog, vorneweg im weißen Alfa Romeo der Kommandeur und Ortskommandant Hauptmann Lembcke mit eiserner Miene. »O du schöner Westerwald . . .« sangen die Deutschen, und die italienischen Freiwilligen summten mit. Die Zivilisten, die eben noch palavert hatten, waren verstummt, standen da wie antike Säulen. Nur der Bettler vor dem Kirchenportal lüftete seinen zerbeulten Hut und grinste, als sie vorbeikamen. Die Abteilung schwenkte in die Via Cavour ein. Eine Frau mit weißem Haar und faltigem Gesicht, die vor einer Haustür saß und strickte, schaute nur kurz auf, als sie die Deutschen sah, und wandte sich wieder ihrer Handarbeit zu.

Auf dem Marktplatz standen die Honoratioren von Este in langer Reihe vor der Sparkasse, der Bürgermeister Chimelli, der Präsident des Consortio Agrario (Landwirtschaftliche Genossenschaft), Bacchini, der Feuerwehrhauptmann Salvini, der Hauptmann der Carabineri Palumbo und andere ehrenwerte Mitglieder der Gesellschaft;

der Ortskommandant hatte sie zu seinem ersten öffentlichen Auftritt geladen.

Lembcke, der seiner Abteilung vorausgefahren war, ließ vor dem Bürgermeister halten, stieg aus dem Wagen und grüßte die angetretene Prominenz militärisch zackig.

Und schon näherte sich die Marschkolonne. » . . . auf deinen Höhen pfeifft der Wind so kalt, jedoch der kleinste Sonnenschein . . .«

»Lied aus!« brüllte Oberleutnant de Greiff und: »Ach − tung!« Hoch flogen die Beine, und die Schaftstiefel trommelten das Pflaster. Sichtlich beeindruckt, aber auch betreten − je nach Einstellung − schauten die Zivilisten auf das Wunder an Disziplin, das die Deutschen an ihren Landsleuten vollbracht hatten. In Sekundenschnelle war die Abteilung in einem offenem Viereck aufgestellt, die offene Seite den Honoratioren zugewandt.

Ortskommandant Lembcke stieg auf ein Podest in der Mitte des Vierecks und legte sein Manuskript auf das Pult. Neben ihm stand der Dolmetscher, Feldwebel Linn. Lembcke blinzelte ihm zu, und als dieser nickte, trat er ans Mikrofon: »Meine Damen und Herren«, hallte es über den Platz. »Vor einigen Tagen, am 20. Juli, hat eine verbrecherische Clique den Versuch unternommen, unseren geliebten Führer Adolf Hitler feige und hinterlistig zu ermorden. Hintermänner dieses gemeinen Anschlags sind . . .« Und dann kam Lembcke auf sein abgedroschenes Thema: die jüdisch-bolschewistische Weltrevolution, die anglo-amerikanischen Plutokraten und der heldenhafte Kampf der deutschen Soldaten für die Rettung des Abendlandes, wobei er wie sein Führer die Rs rollte und statt Soldaten Soldatten sagte. Nach je zwei oder drei Sätzen machte er eine Pause für den Dolmetscher.

»Hör dir das an, Hans!« sagte Felwebel Felkel, der mit mir an der Theke vom Caffè Borsa stand, und nippte an seinem Expresso.

»Was Linn sagt?«

»Merkst du nichts?«

»Ja, jetzt, wo du es sagst. So viel verstehe ich schon: Linn übersetzt nicht, er sagt etwas ganz anderes, als der Alte von sich gibt.«

»Richtig! Solch einen blühenden Unsinn, wie Lembcke verzapft, kann er nicht weitergeben, erst recht nicht den Italienern zumuten. Er würde unseren ganzen Verein blamieren.«

»Bin froh, daß ich diesen ganzen Rummel nicht mitmachen muß«, erklärte ich. »Die Fotos für Lembcke habe ich gemacht, der Film ist belichtet, und jetzt – Feierabend!«

»Und ich muß jetzt gehen«, sagte Felkel. »Nach der Messe wollte Beatrice im Hotel auf mich warten. Bei dem Wetter wollen wir hoch zum Castello und im Park spazieren gehen.«

»Du bist fein raus, hast nichts zu tun mit dem ganzen Mist. Urlaub müßte man haben«, sagte ich und ging auch.

An einem ruhigen Nachmittag – Backhaus und ich waren allein in der Schreibstube – wurde die Tür aufgerissen, und herein traten drei SS-Männer! Überrascht über das Verhalten der SS, hier einzufallen ohne anzuklopfen und ohne zu grüßen, sahen wir uns wortlos an und zuckten die Achseln. Der kleinste der Eindringlinge war etwa 1,80 Meter groß und hatte ein aufgedunsenses Gesicht, wäßrige Fischaugen und rechts am Kinn einen Schmiß.

»Wo ist Hauptmann Lembcke?« fragte er in schnarrendem Ton und ließ dabei zwei Goldzähne zwischen den wulstigen Lippen blinken.

»Da!« murrte Backhaus und wies mit dem Daumen zur Tür des Hauptmanns.

Lembcke trat aus seinem Zimmer, er schien die Parteigenossen schon erwartet zu haben. »Heil Hitler, Herr Obersturmbannführer!« grüßte er und nahm sogar stramme Haltung an, dann mit einer einladenden Handbewegung: »Bitte, meine Herren!«

Der Obersturmbannführer stolzierte ins Zimmer des Chefs, seine beiden Begleiter, baumlange Kerle, blond und ohne besondere Kennzeichen, marschierten hinterdrein.

»Obersturmbannführer . . . das ist sicher ein ganz hohes Tier. Hast du das silberne Eichenlaub am Kragenspiegel glänzen sehen?« fragte Backhaus.

»Das einzige, was an diesem Bonzen glänzt«, meinte ich und zuckte die Achseln. »Möchte wissen, wer dieser Mensch ist, und was er hier zu suchen hat.«

»Wird der Obersturmbannführer Bosshammer vom SD Padua sein. Der Alte hat vorhin gesagt, er erwarte den Polizeichef.«

Es war schon dunkel geworden. Langsam öffnete sich die Tür von Lembckes Zimmer. ». . . also, dann verbleiben wir so, Herr Hauptmann Lembcke«, sagte Bosshammer. Die Augen des Hauptmanns glänzten, er schien sichtlich erfreut.

»Vielen Dank, Herr Obersturmbannführer . . . Es wird alles zu Ihrer vollsten Zufriedenheit erledigt.«

Wofür sich der Hauptmann bedankt hatte, erfuhren wir, unmittelbar nachdem die SS-Männer gegangen waren, grußlos, wie sie gekommen waren. Er stellte sich kerzengerade vor uns hin, zog seinen Waffenrock glatt und verriet uns die Neuigkeit: »Jetzt bin ich Sicherheitskommandant der Zone Padua-Süd.«

Nach dem 20. Juli war es still geworden in unserer Abteilung. Niemand wußte, ob er dem Nächsten trauen und offen mit ihm reden konnte. Zum ersten Mal hatten wir erlebt, daß der scheinbar allmächtige Hitler in seinem engeren Führerkreis hochrangige Gegner hatte, die entschlossen waren, die Herrschaft der Nationalsozialisten zu beseitigen. Jetzt, nach dem Scheitern des Attentats, hatten die fanatischen Hitler-Anhänger Oberwasser, mit ihrer Nun-erst-recht-Mentalität traten sie noch dreister auf als zuvor. Hatten sie früher bei jeder Gelegenheit ihren Führer als Vorbild hingestellt, drohten sie jetzt offen, bei jeder ihnen als wehrkraftzersetzend scheinenden Äußerung Meldung zu machen. Ein Obergefreiter war denunziert worden, weil er geäußert hatte: »Den ersten Weltkrieg haben wir verloren, den zweiten gewinnen wir auch.« Er wurde festgenommen und dem SD übergeben. Wir hatten nie wieder etwas von ihm gehört. Die Devise hieß also jetzt Schnauze halten!

Zum Oberbefehlshaber des Ersatzheeres war der Reichsführer der SS, Heinrich Himmler, ernannt worden. Seine erste Amtshandlung war die Abschaffung des militärischen Grußes durch Handanlegen an die Kopfbedeckung, dafür Einführung des Deutschen Grußes mit Erheben der rechten Hand in Augenhöhe auch für die Wehrmacht. Den meisten von uns schmeckte das nicht. Das war aber nicht das Ärgste. Bisher hatte ein gewisses Spannungsverhältnis zwischen der Wehrmacht und der SS bestanden, das sich jetzt zuungunsten der Wehrmacht geändert hatte. Das Reichssicherheitshauptamt war nun berechtigt, Einheiten der Wehrmacht Weisungen zu erteilen, wie jetzt der SD Padua der Ausbildungsabteilung Este.

Warum der Polizeichef vom SD Padua ausgerechnet Hauptmann Lembcke zum Sicherheitskommandanten ernannt hatte, konnten wir nur ahnen. Vielleicht steckte der Spitzel Bighelli dahinter, oder Bosshammer hatte von Lembckes Auftritt am 23. Juli gehört und an seiner Ergebenheit zu Hitler Gefallen gefunden? Oder hatte ihm gar das brutale Vorgehen des Hauptmanns gegen die Zivilbevölkerung beim Requirieren von Mangelwaren imponiert?

»Jetzt wird unser Alter noch verrückter«, sagte Backhaus und griff sich an die Stirn.

»Da hat der SD den Bock zum Gärtner gemacht, einen Räuberhauptmann zum Polizeichef«, bemerkte ich.

»Vielleicht steckt Methode dahinter«, meinte Backhaus. »Individuen, die sich bei der Bevölkerung verhaßt gemacht haben, sind die verläßlichsten Verbündeten der SS, die sichersten Vasallen Hitlers, haben sie doch bei der sich abzeichnenden Niederlage Deutschlands damit zu rechnen, von ihren Opfern zur Verantwortung gezogen zu werden.«

Mit quietschenden Bremsen hielt der VW-Kübelwagen vor der Unterkunft; heraus sprang Leutnant Sander, und Obergefreiter Jung stieß einen gefesselten Zivilisten aus dem Wagen. Der Gefangene bewegte sich automatisch mit langsamen Schritten und bekam bei jedem Halt von Jung einen Faustschlag in den Rücken. Die Tür des Geschäftszimmers wurde aufgestoßen und der Gefangene in den Raum gezerrt. Ich hatte gerade Vermittlungsdienst, sah den Mann an – und erschrak: Die Nase war geschwollen und blutverschmiert, das übrige Gesicht war gebräunt, eine sportliche Figur, gewelltes Haar, blonder Oberlippenbart, höchstens 25 Jahre alt, aber kein Italiener. Bekleidet war er mit einer khakifarbenen Cordhose und einem hellgrauen Anorak.

Lembcke kam aus seinem Zimmer, musterte den Fremden von Kopf bis Fuß und fragte: »Wen bringen Sie denn da?«

»Einen Engländer, Herr Hauptmann«, meldete Sander.

»Wie kommt der Engländer h i e r h e r ?«

»Der ist am 8. September 1943 von Badoglio-Anhängern aus dem Kriegsgefangenenlager Udine entlassen worden.

»Aha, so einer ist es! Und jetzt Partisan – was?« wetterte Lembcke und starrte den Engländer an. »Jung, holen

Sie Feldwebel Felkel – der kann Englisch.« Der Sicherheitskommandant ging in sein Zimmer und kam gleich mit der Hundepeitsche zurück. »So, Freundchen, mit dir werde ich mich jetzt unterhalten«, flüsterte er und klopfte mit der Peitsche an seine Schaftstiefel.

»Feldwebel Felkel zur Stelle!« meldete sich der Dolmetscher.

»Nehmen Sie diesem Kerl die Handschellen ab!«

Als der Engländer die Hände frei hatte, tupfte er sich mit einem karierten Taschentuch den Schweiß und das verklebte Blut vom Gesicht, betastete seine Nase und ließ die Fingerspitzen behutsam über die Schwellung auf- und abgleiten.

Felkel dolmetschte: »Wie heißen Sie, was sind Sie, und wo kommen sie her?«

»Tom Jasper, Captain in der 8. Army, aus Salisbury.«

»Ich will nicht wissen, wo Sie in England zu Hause sind. Wo waren Sie untergetaucht, wer hat Sie versteckt – Namen!«

Jasper schwieg.

»Himmeldonnerwetter, antworten Sie!«

Keine Antwort.

Lembcke stierte auf den Gefangenen, der aber blieb ruhig, schaute verächtlich geradeaus. Das machte den Hauptmann nervös. Wagte doch dieser Mensch ihm, dem Sicherheitskommandanten der Zone Padua-Süd, die Antwort zu verweigern, ihn glatt zu ignorieren! Lembcke, von seinen Untergebenen unbedingten Gehorsam gewohnt, kochte vor Wut, stampfte mit dem Fuß auf.

»Nun! Wird's bald!« schrie er mit überschlagender Stimme. Sein Gesicht wurde rot, die Stirnadern schwollen an, und nun geschah etwas Unerhörtes: Wie von Sinnen schlug er dem gefangenen Captain mit der Hundepeitsche ins Gesicht.

Der Engländer bewegte sich nicht, verzog keine Miene, auf seiner Stirn und den Wangen wurden rote Striemen sichtbar. Die Nase fing wieder an zu bluten.

Ich war entsetzt über das Verhalten unseres Kommandeurs. Mir tat der Captain leid, aber noch mehr bewunderte ich ihn insgeheim, seine aufrechte, stolze Haltung.

Aufgebracht vom Gebrüll des Sicherheitskommandanten kam Leutnant Ruben im Trainingsanzug ins Geschäftszimmer gestürmt, er strich das blonde Haar zurück und rief, noch außer Atem: »Was geht hier vor?« Dann sah er den blutenden Engländer. »Ich protestiere gegen die Behandlung dieses Mannes!«

Lembcke war perplex, so etwas hatte noch nie jemand gewagt! Einen Augenblick stand er da wie ein ertappter Rüpel, dann besann er sich seiner Macht als Vorgesetzter und brüllte: »Ich verbitte mir Ihren Ton, Herr Leutnant!«

»Und ich verbitte mir die Mißhandlung des Gefangenen.«

»Gefangenen?!« höhnte Lembcke. »Was denn? Ist der etwa in Uniform?«

»Ach – er sollte wohl in voller Uniform eines britischen Offiziers durchs besetzte Italien fliehen? Dann käme er nur bis zur nächsten Straßenecke«, ereiferte sich Leutnant Ruben.

»Ein Zivilist ist der, ein schäbiger Partisan noch dazu.«

»Alle, die nicht vor Ihnen kuschen, sind Partisanen, Sie größenwahnsinniger Emporkömmling!« schrie der Leutnant.

»Haben Sie das gehört, Unteroffizier Bertram?« rief Lembcke dazwischen.

»Nein, Herr Hauptmann«, sagte ich in ruhigem Ton, und dann ins Mikrofon: »Wen wollen Sie sprechen?« Und wieder zu Lembcke: »Ich habe nichts gehört, ich mußte gerade ein Ferngespräch vermitteln.«

»Sie verstoßen gegen die Genfer Konvention«, sagte Ruben zum Sicherheitskommandanten.

»Und Sie gegen die Disziplin. Das wird Sie teuer zu stehen kommen«, tobte Lembcke.

Der Gefangene sprach leise mit Felkel.

»Was sagt der Kerl?« fragte der Hauptmann.

»Ich kann doch nicht die Leute, die mich aufgenommen haben, aus Dank dafür ans Messer liefern«, dolmetschte Felkel.

»Wie anständig von diesem Gentleman!« höhnte Lembcke. »Die SS wird ihn schon zum Sprechen bringen . . . und Sie, Leutnant Sander«, wandte er sich an den Adjutanten, der gerade in die Schreibstube kam, »sperren Sie den Kerl ein; der wird morgen dem SD Padua übergeben.«

»Jawoll, Herr Hauptmann!« Sander klappte die Hacken zusammen, legte dem Engländer Handschellen an und ging mit ihm.

Lembckes Gesicht war noch gerötet, er starrte Ruben an und sagte kurz: »Wir sprechen uns noch, Leutnant Ruben.«

»Ja, Herr Lembcke«, nickte Ruben, grußlos verließ der den Raum.

Eines Nachmittags — ich hatte wieder Vermittlungsdienst — waren aus dem schmalen, etwas höher gelegenen Gang klatschende Geräusche und Schreie zu hören. Ich sprang die paar Stufen hinauf, vorbei an Lembckes Zimmer, gleich dahinter aus einer Kammer kam der Lärm. Ich riß die Tür auf und sah zu meinem Schrecken einen Mann an der Decke hängen mit dem Kopf nach unten, sein nackter Rücken war mit blutenden Striemen übersät. Davor stand ein Obergefreiter und peitschte den Unglücklichen, der bei jedem Schlag aufstöhnend zusammenzuckte.

»Sind Sie wahnsinnig!« schrie ich ihn an. »Hören Sie auf — sofort!«

Der Mann hielt einen Augenblick inne, wischte sich mit dem Ärmel den Schweiß von der Stirn. »Befehl von Hauptmann Lembcke, er hat mir die Hundepeitsche gegeben und gesagt:›Das ist ein Partisan, bearbeiten Sie den so lange, bis er die Namen der anderen nennt.‹«

»Und das machen Sie so einfach . . .«

»Einfach grade nich. Befehl is Befehl! Was soll ich machen?«

»Nichts, auf keinen Fall foltern.«
»Das is Befehlsverweigerung, da mach ich nich mit.«
»Würden Sie auf Befehl des Hauptmanns vom Kirchturm springen?«
»Nee, das nich. Das kann er ja nich befehlen.«
»Das Auspeitschen eines Wehrlosen auch nicht.«
»Das is etwas ganz anderes . . .«
»Oder auch nicht. Es käme auf einen Versuch an.«
»Vielleicht käme ich mit der Verweigerung durch, aber dann hätte ich verschissen bis zur nächsten Steinzeit.«
»Können Sie wenigstens nicht so tun, als ob . . .«
»Das merkt doch der Alte, und dann redet der Partisan nie, und ich stehe noch nach Feierabend hier und . . .«
»Und, und, und, immer das Gleiche, um Ausflüchte seid ihr nie verlegen. Sie sind doch sicher verheiratet, was würde Ihre Frau sagen, wenn sie ihren Mann als Folterknecht erleben würde. Haben Sie Kinder? Wollen Sie, daß einmal Ihr Sohn so behandelt wird, wie Sie mit diesem Mann umgehen?« Angewidert ging ich zurück in die Schreibstube, wo die Klappen der Vermittlung unaufhörlich rappelten. Ungerührt ließ ich das Fluchen und die Beschwerden der Anrufer über mich ergehen und stöpselte die Verbindungen. Dabei unterlief mir mancher Fehler, ich wählte den falschen Teilnehmer, vergaß wichtige Rückrufe, so abgelenkt war ich mit meinen Gedanken an das eben erlebte. Und draußen sangen die Männer: »Es ist so schön, Soldat zu sein ...«

Mich fröstelte. Wieder das Klatschen der Peitsche!

An den folgenden Tagen und Wochen kam es immer wieder zu Folterungen. So viel Greuel erlebte ich, daß ich Gefahr lief, gegenüber Verbrechen unempfindlich zu werden. Manchmal hatte ich das Bedürfnis, mit jemandem über das, was innerhalb der Mauern des Collegios geschah, zu sprechen, aber keiner meiner Kameraden – außer Felkel und Rolf – wollte etwas davon hören. Es gab Augenblicke, in denen mich, wenn ich an Folterungen dachte, ein Gefühl von innerer Kälte und Nüchternheit überkam und ich ohne Skrupel den Sicherheitskommandanten hätte umbringen können.

Vor dem Portal des Collegios hielt ein Kübelwagen der faschistischen Brigata Nera. Drei Männer steigen aus: zwei italienische Soldaten, die einen Zivilisten in die Mitte nahmen und mit Handschellen abführten. Der Gefangene, fast noch ein Junge, war etwa 1,60 groß, pummelig und hatte schwarzes Kraushaar, das auf der schweißnassen Stirn klebte, seine Augen waren naß, und an der Nase hing Rotz. Er hatte eine graugrüne, geflickte Hose an, ein blaues Baumwollhemd und Halbschuhe mit schiefen Absätzen.

»Wen bringen Sie jetzt an?«, fragte der Hauptmann, der den Jungen neugierig ansah. »Wir sind doch kein Kindergarten.«

»Einen Deserteur«, sagte der Sergeant, der Deutsch konnte, »Pietro Sinigaglia, der uns als fahnenflüchtig gemeldet wurde.«

»Das ist der, der vom Urlaub nicht zurückkam«, erklärte Sander und glotzte den Festgenommenen an.

»Ach der!« nickte Lembcke, und zum Sergeanten sagte er: »Fragen Sie dieses Früchtchen, warum er die Truppe verlassen hat!«

Als der Sergeant mit Sinigaglia sprach, fing dieser an zu weinen, schnaubte sich die Nase und sagte stockend: »Mia mamma malata . . . Mama krank.« Dann redete er weiter.

»Hab schon capito«, unterbrach Lembcke, »weil die Mutter angeblich krank war, ist er desertiert.« Er schrie den Jungen an: »Was haben Sie sich eigentlich dabei gedacht?! Einfach zu Hause bleiben. Wenn das alle machen würden . . .«

»Nix verstehen, signor capitano«, jammerte Sinigaglia.

Leutnant Sander gab ihm eine schallende Ohrfeige und sagte: »Das verstehst du aber, du mieses Würstchen.«

»Was wollen wir mit dem Kerl jetzt machen?« fragte Lembcke.

»Erst mal einsperren«, meinte Sander, »aber hier in der Unterkunft kann er nicht bleiben.«

»Warum nicht? Hier ist er sicher.«

»Das schon, aber die Kameraden von Sinigaglia! Es könnte zu Kontakten kommen . . . Solidarisierung.«

»Da fällt mir etwas ein: Das Spritzenhaus der Feuerwehr! Da könnten wir ihn einstweilen einsperren«, sagte Lembcke und lachte.

»Aber heute nicht mehr, frühestens morgen«, gab der Adjutant zu bedenken.

»Dann sperren Sie ihn heute nacht hier ein, Sander! Sie sind mir verantwortlich, daß der Kerl auf Nummer Sicher sitzt.«

»Jawoll, Herr Hauptmann!«

»Und nun ab mit ihm! . . . Ich kann diese Memme nicht mehr sehen . . . Und nun noch etwas: Die Kompanieführer und Unterführer sollen sich bei mir melden – hier im Geschäftszimmer«, befahl Lembcke und verschwand in seinem Zimmer.

Ich setzte mich an den Klappenschrank. Deserteure? Die habe ich doch schon mal erlebt. Damals in Rußland ...

Die meiste Zeit hatte es geregnet. Der Asphalt der Rollbahn Smolensk-Moskau war durch Panzer und andere Kettenfahrzeuge aufgerissen. Der Nieselregen hatte die Straße in einen breiten Streifen knöcheltiefen Schlamms verwandelt. Langsam quälten sich die Lkws vorwärts, rutschten, blieben stecken; die Räder drehten durch, sanken bis zu den Achsen in den Morast. Absitzen, das Fahrzeug freischaufeln. Weiter bis zum nächsten unfreiwilligen Halt!

Diese Gegend – eine öde Ebene mit etwas Gestrüpp, einige Birken, hie und da der Rest eines Bauernhauses: ein brandgeschwärzter Schornstein.

Einige Kilometer außerhalb Smolensk in Richtung Moskau stand hundert Meter links von der Straße ein zweistöckiges unzerstörtes Holzhaus. Hier hatten sich der Stab des Luftnachrichtenregiments 2 und die Stabskompanie, der ich angehörte, eingenistet. In einem der Räume fand ich zwischen verkohlten Resten von Bänken zerfetzte Schulbücher, darunter ein russisch-deutsches; auf einer halb zerrissenen Seite war neben der kyrillischen Schrift in deutsch zu lesen: »Väterchen Stalin, ich danke dir für meine glückliche Kindheit.« Eine Schule!

Als erstes mußten wir einige zerbrochene Fensterscheiben durch Pappe ersetzen und Telefonleitungen in den als Vermittlung vorgesehenen Raum führen; durch Anschluß an den Klappenschrank waren die Verbindungen mit *Barbarossa* , Heer, und *Raubritter*, Luftwaffe, hergestellt.

Tagsüber kamen Offiziere in Pkws, meldeten dem Regimentskommandeur, Oberstleutnant Scheidt, irgendwelche Vorkommnisse, meist Lappalien, empfingen Befehle und verschwanden wieder. Kradfahrer in langem Regenmantel, Helm auf dem Kopf, fuhren bis vor die Tür, hoben sich aus dem Sattel, ließen den Motor weiterlaufen. Einige Zeit später kamen sie mit neuen Papieren, die sie in die Meldetasche schoben, und ab ging's zurück zu ihren Einheiten.

Die Männer der Stabskompanie, die nicht zu irgendwelchen Diensten eingeteilt waren, saßen in einem Klassenraum im ersten Stock beim Unterricht, Thema: »Der Feldfernsprecher 33« – er besteht aus dem Gehäuse und dem eigentlichen Fernsprecher ...

Ich brauchte an diesem stupiden Unterricht nicht teilzunehmen, ich hatte dienstfrei. Um 18 Uhr mußte ich den Funker Schneider ablösen, Nachtdienst in der Fernsprechvermittlung.

»Hier Raubritter drei!« sagte ich zum x-ten Mal ins Mikro. Stimme aus dem Hörer: »Hauptmann Timme!«

»Ich rufe.« Niemand meldete sich.

»Wo bleibt denn Hauptmann Timme?! ... Machen Sie schon hin, Sie Träne!«

»Ich habe ja gerufen ... ich rufe nochmal.« Ich rief dreimal lange durch.

»Den Hauptmann will ich! Haben Sie verstanden? Hier ist Leutnant Mordharst, 1 A der Luftflotte.«

»Jawoll, Herr Leutnant . . . Trotzdem meldet er sich nicht, der Hauptmann.« Endlich legte der Leutnant auf.

»Blöder Kerl, glaubt vielleicht mit seinem ›1 A‹ Eindruck zu machen . . . bei mir nicht!« flüsterte ich.

Je später es wurde, um so ruhiger wurde der Betrieb. Nur noch vereinzelte Gespräche in der Nacht, meistens Privatgespräche über Saufgelage, geplante Abenteuer und ähnliches. In der ersten Zeit meiner Vermittlungstätigkeit hatte ich mitgehört – aus Langeweile, auf Dauer ermüdete mich das Gequatsche. Viel interessanter waren die Sendungen des Londoner Rundfunks. Neben dem Klappenschrank stand der Allwellenempfänger.

Um Mitternacht drehte ich den Zeiger über die halbrunde, regenbogenfarbige Skala, bis ich auf der Kurzwelle im 30-m-Band das vertraute Bum-bum-bum des Londoner Rundfunks hörte:

». . . bombardierten gestern die Nazi-Kriegsmaschine in Hamburg. Meine Damen und Herren, hören Sie jetzt einen Beitrag von Sir Lindlay Fraser über das Thema ›Kunst im Dritten Reich‹. Es ist erstaunlich und völlig neu für mich: Kunst ist das Stillstehen, ja meine Herrschaften, das ist nicht einfach, das will gelernt sein. Jeder Rekrut wird es Ihnen bestätigen. Schon steht ein Teil des Reiches still, und bald wird ganz Deutschland stillstehen für den geliebten Führer und seine Kumpane bis hinunter zum Blockleiter . . .«

Plötzlich spürte ich einen Luftzug an der rechten Seite. Langsam drehte ich den Kopf – und erschrak: Im Halbdunkel glitzerten geflochtene, silberne Schulterstücke: Major Späth! Hastig drehte ich den Knopf auf einen anderen Sender.

»Lassen Sie! Die BBC interessiert mich auch«, sagte der Major so ruhig, als müßte er ein ungezogenes Kind besänftigen. Befreit atmete ich auf. Hätte mich ein anderer erwischt, ich wäre fällig gewesen. Meldung, Kriegsgericht und dann das Urteil: Tod durch den Strang wegen Abhören des Feindsenders und Zersetzung der Wehrkraft! Nun aber konnte mir der Major nicht gefährlich werden. Er selbst hatte ja den Londoner Rundfunk abgehört.

Als die Feindnachrichten beendet waren, schauten der Major und ich uns stumm an und lächelten; jetzt waren wir heimlich Verbündete.

»Herr Major, ich möchte Ihnen danken, weil Sie micht nicht . . .«

»Seien Sie still!« unterbrach der Stabsoffizier. »Vergessen Sie diese Nacht, Obergefreiter Bertram! Wir haben uns nicht gesehen; und seien Sie in Zukunft vorsichtiger, es wäre schade um Sie. Und morgen, wenn Sie ausgeschlafen haben, melden Sie sich bei mir!«

»Jawoll, Herr Major!« sagte ich. Der Major gab mir die Hand.

»Gute Nacht, Bertram!«

»Gute Nacht, Herr Major!«

Am Nachmittag des folgenden Tages klopfte ich an die Tür des Zimmers des Major Späth.

»Ja, was ist?« Ich öffnete die Tür einen Spalt.

»Herr Major?«

»Kommen Sie rein, Bertram!« Der Major saß im Trainingsanzug bei der allgemein üblichen Beschäftigung, dem Läuseknacken. die mühsam gefangenen Läuse ließ er auf den Deckel einer Schuhcremschachtel fallen, die er über die Flamme einer Hindenburgkerze, einen Kerzenstummel im Blechnapf, hielt. Auf dem glühenden Blech zerplatzten die Quälgeister. Vorschriftsmäßig bekleidet mit Koppel und Mütze trat ich vor den Major, nahm Haltung an und grüßte.

»Rühren! Setzen Sie sich – Sherry? Ich habe noch einen guten Schluck aus Brüssel.«

»O ja, Herr Major.« Der alte Herr nahm zwei Gläser aus einer grauen Holzkiste, goß sie voll und dann: »Also Prost, Bertram!« Er lehnte sich zurück, fuhr mit der Hand über das schüttere Haar und sagte: »Für unseren Führer scheinen Sie grade nicht begeistert zu sein. Waren Sie nicht in der Hitlerjugend?«

»Ja, zuletzt, als es sich nicht mehr vermeiden ließ . . . in der Marine-HJ Berlin 6, am Stößensee lagen wir.«

»Habt ihr da keinen politischen Unterricht gehabt?«

»Schon, aber wir interessierten uns mehr für den Wassersport, Rudern und Segeln.«

»Wie kommt es aber, daß Sie so . . . so gegen die Nazis . . .«

»Ich bin Anhänger der Bekennenden Kirche und habe mit Begeisterung die Predigten von Pastor Niemöller gehört, und dann . . . 1938 war's – ich war in der Oberprima . . .«

»Abiturient sind Sie«, unterbrach der Major. »Habe ich's mir doch gedacht.«

»Ja, und da fehlten eines Tages zwei Mitschüler, kamen auch nicht wieder . . . sind von der Schule verwiesen worden, weil sie Juden waren. Zu dem einen, dem Ladewig, bin ich noch hingegangen in die Elberfelder Staße und habe ihm die Aufgaben gebracht. Drei- oder viermal bin ich dahin gegangen, dann hat mir sein alter Herr gesagt, ich solle nicht mehr kommen, das sei zu gefährlich für mich. die Nazis . . . Sie wissen ja. Und der Ladewig, das war ein feiner Kerl!«

»Nun versteh ich Sie«, nickte der Major.

Zwei Wochen später. Das Schneetreiben hielt den ganzen Tag an, erst gegen Abend klarte es auf. Im Übermantel und in Überschuhen, mit Ohrenschützern und Fausthandschuhen stapfte ich durch den Schnee, der unter den Sohlen knarrte. Wie oft muß ich noch als Posten um das Haus laufen, dachte ich, und um die fünf Birken, unter denen, mit Ästen und Laub bedeckt, die Lkws standen. Langsam, viel zu langsam rückte der Zeiger meiner Armbanduhr von einem Strich zum nächsten.

Plötzlich ein Geräusch, ein Knacken im Gestrüpp hinter den Bäumen, als wenn jemand Zweige abbricht. Wer konnte das sein, hier mitten in der Einsamkeit? Ich rief in die Dunkelheit: »Parole!« Keine Antwort, und wieder die gleichen Geräusche. Ich fing an zu zittern. War es die Kälte oder die Angst? Ich riß den Karabiner von der Schulter und entsicherte. Auf das Klicken des Sicherungsflügels eine stotternde Stimme: »Mensch, mach keinen Mist ... wir ... wir sind doch Deutsche!«

»Kann jeder sagen. Woher?«

»Aus Berlin ... Wedding ...Kösliner Straße ... und mein Kumpel hier ... der Jupp, der is aus Köln ... uff Ehre!«

»Schmeißt die Knarren weg – kommt raus, und die Pfoten hoch!« Jetzt erkannte ich die Umrisse von zwei Gestalten, die aus den Büschen auftauchten: Polizeiuniform!

»Was ... was wollt ihr denn hier?«

»Nur wat zu fressen, und dann weita.«

»Macht keine Witze, die Polente und Kohldampf! Wo ihr doch immer alles requiriert, alles klaut, was euch unter die Pfoten kommt.«

»Mann – wir sind abgehauen.«

»Von eurem Verein?«

»Ja, unser Polizeibataillon war der SS unterstellt, und da ...«

»Geht mir los mit eurer SS, die stinkt mir an.«

»Uns ooch – deshalb sind wir ja stiften jejangen.«

»Desertiert, was,«

»Wennde so willst – ja.«

»Dann muß ich euch festnehmen und Meldung machen.«

»Mach des nich, bitte! Dann sind wir anjeschissn.« Ich überlegte hin und her. Anzeigen wollte ich die beiden nicht, auf keinen Fall; aber dann machte ich mich strafbar, hing mit drin in dem Schlamassel.

»Na, dann kommt erst mal!« sagte ich und führte die zerlumpten Männer in die Küche, Parterre, wo ein riesiger Herd Wärme verbreitete.

Unteroffizier Popelka, der Küchenchef, auf der Bank

wodkaselig eingeschlummert, öffnete die Augen zur Hälfte und murmelte: »Die Polente, det hat mir jrade noch jefehlt!«

»Penn weiter, Otto! – Die tun dir nichts«, beruhigte ich ihn. Dann schnitt ich einige Scheiben Komißbrot ab und warf sie, mit Zucker bestreut, auf die noch glühende Herdplatte.

»Im Augenblick habe ich nichts anderes, nur die *Stalintorten* ; wenn die braun sind, nehmt sie runter. Ich muß wieder raus, in zehn Minuten werde ich abgelöst.« Als ich den Rundgang wieder aufnahm, überlegte ich: Beihilfe zur Fahnenflucht! Verflucht, da hab' ich mir 'ne Laus in den Pelz gesetzt, eine? Nee, zwei!

Eine Viertelstunde später klopfte ich an die Tür des Majors Späth.

»Ja, was denn? Herein!«

Ich grüßte zackig. Der Major saß wieder vor seiner Kerze und ließ eine Laus auf dem glühenden Deckel zerplatzen. Dann erst schaute er auf: »Was gibt's, Bertram?«

»Da unten sind zwei von der Polizei, die sind von der SS . . .«

»Und da kommen Sie ausgerechnet zu mir?«

»Jawoll, Herr Major, grade zu Ihnen.«

»Wie soll ich das verstehen?«

»Die sind abge . . . haben sich von der Truppe entfernt.«

»Ach nee, ist ja interessant. Die Brüder will ich mir mal ansehen. Holen Sie sie!«

Ich schob die beiden Polizisten in das Zimmer des Majors, der sich die Jacke anzog. Schlotternd standen die Ausreißer vor dem Stabsoffizier. Schweigend musterte Major Späth die Deserteure.

»So also sehen Fahnenflüchtige aus.«

»Jawoll, Herr Major.«

»Lassen Sie Ihr dämliches ›Jawoll-Herr-Major‹! Verraten Sie mir lieber, warum Sie sich von der Truppe entfernt haben!«

Der Berliner schnaufte die Nase, dann sagte er mit

brüchiger Stimme: »Wir . . . wir konnten doch keine . . . keine Juden, Frauen und Kinder, Mütter mit Babies auf dem Arm, erschießen, einfach abknallen . . . wir sollten zum Exekutionskommando. Können Herr Major etwa . . .«

»Was ich kann und was ich nicht kann, steht nicht zur Debatte. Ich bin Soldat. Verstehen Sie?«

»Jawoll, Herr Major!«

»Schön«, sagte Späth, der sich die beiden inzwischen weiter vorgenommen hatte. »Dumme Geschichte, verflixt! Mal sehen, was wir für Sie tun können.« Und zu mir sagte er: »Feldwebel Schrader soll sich bei mir melden!«

»Wenn der schon schläft?« wagte ich einzuwenden.

»Dann holen Sie ihn gefälligst aus der Furzmolle! Das ist ein Befehl.«

»Ja, jawoll - Herr Major!« Ich rannte davon.

Wenig später stand der Hauptfeldwebel, das Gesicht vom Schlaf gerötet, aber im Dienstanzug, vor dem Major beim Stabe.

»Herr Major?«

»Hier, diese beiden Polizisten«, sagte Späth und zeigte auf die Beamten, »die sind von ihren Einheiten übriggeblieben, Versprengte. Ich denke, wir könnten sie bei uns einsetzen. Sagen Sie Unteroffizier Ruhland, er soll die beiden einkleiden, und Sie lassen ihnen Soldbücher ausstellen. Morgen − sagen wir um neun − will ich die Neuen in Luftwaffenuniform sehen.«

»Jawoll, Herr Major.« Verstehendes Grinsen, ein zackiger Gruß und schon war der Hauptfeldwebel verschwunden.

Am nächsten Morgen meldeten sich die Beamten in der blaugrauen Uniform als Funker bei Major Späth.

»Wachtmeister Kleinschmidt meldet sich . . .«

»Funker Kleinschmidt! Verdammt noch mal«, fuhr der Major dazwischen.

»Jawoll, Funker Kleinschmidt!«

»Haben Sie schon alle Klamotten gefaßt?«

»Jawoll, alles!« sagte der Berliner.
»Und haben Sie schon gegessen?«
»Genug, Herr Major.«
»Dann holen Sie sich vom Spieß Marschbefehle! Sie kommen zum Nachkommando nach Brüssel. Um elf fährt der Obergefreite Lenzer nach Smolensk zum Verpflegungslager, ihr könnt mitfahren, von da aus mit dem Orientexpress heim ins Reich. In Berlin und in Köln nicht zu lange bei Muttern bleiben! Spätestens in drei Tagen mit dem Zug nach Brüssel! Ihr kommt am Gare du Nord an, dann nehmt ihr die Straßenbahn 74 und fahrt bis zum Place de Jamblinne de Meux. Dort steht eine große Villa mit Vorgarten, es gibt nur die eine – die Villa von Monsieur Bisson. Meldet euch da bei Leutnant Willbrandt, der wird bis dahin Beischeid wissen.«

Als die beiden Neuen verschwunden waren, wandte sich der Major wieder seiner Läusejagd zu. Er lächelte zufrieden: Wieder zwei Läuse weniger!

Dem jungen Sinigaglia fehlten solch ein Major Späth und ein Leutnant Willbrandt, dachte ich. Was mag jetzt mit ihm geschehen? Meine Gedanken wurden von den Offizieren und Unterführern unterbrochen, die nach und nach in die Schreibstube kamen. Allgemeines Rätselraten. Niemand wußte, was der Hauptmann von ihnen wollte. Bestimmt nicht die »Freiwilligen« an die Appeninfront schicken, dazu waren sie noch zu wenig ausgebildet. Oder *Aktion Heldenklau*? Sollten sie an die Ostfront, den immer weiter vordringenden Russen Einhalt gebieten? Lächerlich! Doch nicht diese Jungen hier! Gespannte Ruhe herrschte im Geschäftszimmer, nur das Ticken der Wanduhr, die Lembcke irgendwo requiriert hatte, war zu hören und ab und zu das Rasseln der Klappen, wenn sich ein Anrufer bei der Vermittlung meldete.

Als endlich alle Offiziere und Unteroffiziere versammelt waren, ging der Adjutant ins Zimmer des Chefs und machte Meldung. Und dann der Auftritt des Kommandanten: Langsam, fast feierlich betrat er das Geschäftszimmer, blickte forschend in die Gesichter der Umstehenden, als suche er jemand, der ihm das Stichwort zum Einsatz gab. Erst nach einer Weile räusperte er sich und erklärte mit erhobener Stimme: »Also meine Herren! – Wie Sie wissen, sind wir nicht nur Ausbildungsabteilung, sondern jetzt auch Sicherheitskommando der Zone Padua-Süd, mit anderen Worten: Wir üben in unserem Bereich Polizeigewalt aus.«

Ein leises Husten in der Runde. Lembcke schaute irritiert in die Richtung, aus der das Geräusch kam, und fragte mit drohendem Unterton: »Hat jemand dazu etwas zu sagen?« Schweigen. »Also dann«, fuhr er fort. »Der Polizeichef von Padua, SS-Obersturmbannführer Bosshammer, hat uns die ehrenvolle Aufgabe erteilt, die männliche Bevölkerung aus der Umgebung in ein Sammellager des SD zu schicken. Es lungern genug kräftige Männer hier herum, die in Deutschland für den Kriegsdienst eingesetzt werden könnten; die Heimatfront braucht jeden Mann.«

»Wie soll denn das Ganze ablaufen?« fragte Oberleutnant de Greiff.

»Noch vor Tagesanbruch umstellen wir die Ortschaften und holen die Männer aus den Häusern . . .«

»Wenn die aber nicht mitkommen wollen?« gab ein Unteroffizier zu bedenken.

»Dann helfen wir nach«, erklärte der Sicherheitskommandant und wedelte mit der Hundepeitsche. »Wir werden uns morgen früh den Ort Saletto vornehmen. Sie, Oberleutnant de Greiff und Leutnant Sander, suchen 80 verläßliche Männer aus. Wecken um ein Uhr in der Nacht, und dann geht's ab mit Lkws zum Einsatzort.«

»Wie transportieren wir die Festgenommenen ab?« fragte Sander. »Wir haben nicht so viele Lkws, um alle . . .«

»Die stellt der SD Padua. Wenn wir ab 3 Uhr die Zivilisten kassieren, stehen die Lkws mit dem Wachpersonal der SS schon auf dem Platz vor der Kirche bereit. Noch eine Frage? – Danke, meine Herren.«

Als Backhaus und ich wieder allein im Raum waren, fragte

ich den Schreibstubenunteroffizier: »Leutnant Ruben war ja nicht dabei, ich hab ihn auch seit langem nicht gesehen. Weißt du . . .«

»Den hat der Alte klammheimlich strafversetzt. Du weißt doch, warum . . . die Sache damals mit dem Engländer.«

»Wo wird er jetzt sein?«

Backhaus blickte auf, schob die Brille vor die Augen und sagte leise: »An die Ostfront ist er gekommen.«

»Die Rache des Alten!«

Backhaus zuckte mit den Schultern und beugte sich über Dienstpläne und andere Papiere. Wie ich später erfuhr, hatte er gewußt, daß Leutnant Ruben in der Gegend von Kaunas gefallen war.

Nach meiner Ablösung um 18 Uhr beschloß ich, ins Caffè Borsa zu gehen, zum Malen bei Vascon war ich nicht aufgelegt. Nun ja, dachte ich, wenn dem Hauptmann der Sinn nach Menschenjagd steht, so ist das seine Sache. Ich war froh, zum Vermittlungsdienst eingeteilt zu sein und mit den Übergriffen auf die Bevölkerung nichts zu tun zu haben. Ich überquerte den Marktplatz und als ich die einfachen, friedlichen Männer vor dem Caffè sitzen sah, wurde mir bewußt, daß ich nicht dazu gehören durfte, ich trug die Uniform ihrer Häscher.

Mir fiel mein erster Heimaturlaub 1939 ein. Wie mich die Uniform gekleidet, mein Selbstbewußtsein gesteigert hatte! Uniformen machten Soldaten, und als solcher kam ich mir vor. Mein Vater, der sehr national eingestellt war, war stolz auf mich, seinen Filius, wie er mich nannte. Warum, wußte ich nicht, aber es tat mir gut. ›Wenn du Offizier wirst, Hans‹, versicherte er, ›lasse ich dir eine Extrauniform anfertigen.‹ Jetzt schämte ich mich meiner Uniform.

Eine ganze Weile saß ich schon am Tisch und brütete vor mich hin, den Kellner, der plötzlich neben mir stand, hatte ich nicht gesehen. Als er sich räusperte, zuckte ich zusammen.

»Prego, signore?«

»Einen halben Liter Roten, trocknen bitte!«

»Grazie, signore«, dankte der Kellner und verschwand. Ich brauchte nicht lange zu warten. er kam gleich mit dem Wein und goß mir das Glas voll. Mit einem Zug trank ich es aus und schob es ihm hin zum Nachschenken.

»Mal langsam, Hans!« mahnte mich Felkel, der plötzlich an meinen Tisch trat. »Ist doch idiotisch, sich zu besaufen. Damit änderst du nichts.«

»Komm setz dich, Franz! Cameriere!«

Der Kellner kam, wischte sich die Hände am weißen Tuch.

»Prego, signore?«

»Bitte noch ein Glas!«

»Si, signore, subito.«

»Ich kann mir schon denken, was du hast, Hans. Mir stinkt's genau so wie dir, aber sind wir etwa schuld an dem Wahnsinn, den der Alte veranstaltet?« versuchte Felkel mich zu beruhigen, und setzte sich.

»Schuld? Ich weiß nicht. Das vielleicht nicht, aber mitverantwortlich sind wir, auch wenn uns der Chef im Nakken sitzt. Mitgehangen − mitgefangen!« Ich goß dem Freund das Glas voll. »Bin froh, daß ich heute Nachtdienst habe, da brauche ich mich nicht an der Sklavenjagd zu beteiligen. Mein Verdienst ist es allerdings nicht, zu etwas anderem eingeteilt zu sein. Ich arbeite nicht für die SS.«

»Täusch dich nicht!« meinte Felkel. »Du hast ja selbst gesagt, wir hängen genauso drin wie alle anderen.« Umständlich nestelte er eine Zigarette aus dem Päckchen.

Als wir unseren Halben getrunken hatten, gingen wir schweigend über den leeren Markplatz durch das altertümliche Civica Tor; auf der engen Via d'Azeglio begegneten uns nur eine Frau mit rotem Kopftuch und einem Korb, der mit einem weißen Tuch bedeckt war, und ein baumlanger Mann mit schwarzem Schnauzbart. In einem Hausflur standen engumschlungen ein Soldat und ein Mädchen. Als er uns bemerkte, wollte er die Kleine loslassen und uns grüßen. Bevor er aber dazu kam, winkte Felkel ab und rief:

»Machen Sie weiter!« Und zu mir sagte er: »Verliebte soll man nicht stören. Wer weiß, wie lange sie noch können.«

Am nächsten Morgen schlief ich lange und wachte erst vom Poltern der Stiefel auf. Die Männer kamen von ihrem nächtlichen Einsatz zurück. Ich stand auf und ging auf die Stube von Gerson. Er hatte sich in Uniform aufs Eisenbett fallenlassen und schaute dem Rauch seiner Zigarette nach, der sich nach oben kräuselte.

»Hallo, Rolf! Wie war's denn?« wollte ich wissen.
»Leck mich doch . . .«
»Ist ja gut.«
»Wieso gut? Willst du mich verarschen . . . Was willst du damit sagen? Und wenn du's genau wissen willst: Es war zum Kotzen!« zischte Gerson.
»Mensch, reg dich ab, Rolf! War ja nicht so gemeint. Ich wollte nur damit sagen, solange einen die Treibjagd anstinkt, ist es noch keine Gewohnheit.«
»Hast recht. Ich könnte dir von heute nacht erzählen, aber um dir selber ein Bild zu machen, mußt du den Scheiß mitgemacht haben. Also stell mir keine Fragen! Verstehst du?«
»Wir kennen uns, Rolf. Ich verstehe dich auch so.«

Es war eine mondlose Nacht, stockfinster. Auf dem Lastwagen, der in Richtung Legnago über die holprige Straße brummte, war nichts zu erkennen, nur hie und da ein Aufglimmen, wenn einer der Männer an der Zigarette zog. Manche versuchten zu schlafen, aber kaum waren sie eingenickt, wurden sie von einem Schlagloch wachgerüttelt. das Schweigen, das über den Männern lag, war bedrückend. Einer versuchte, Stimmung zu machen, fing an, »Rosamunde« zu pfeifen, und wurde prompt niedergezischelt: »Halt die Schnauze!« und »Hör auf mit der blöden Schnulze!« Der bevorstehende Einsatz ging den Männern offenbar auf die Nerven — wie mir. Ich angelte mir schon die fünfte Zigarette aus der Schachtel.

Wir bogen in einen Feldweg ein und wurden kräftig durchgeschüttelt. Es dauerte zehn lange Minuten, bis wir anhielten. Wir sprangen vom Lkw. Die nächtliche Kühle tat mir gut, ich reckte mich und war gleich hellwach. Im Licht der Scheinwerferschlitze tauchte die Figur des Kommandanten auf, an der Leine Hasso, sein deutscher Schäferhund. Lembcke war in seinem weißen Alfa Romeo vorausgefahren.

»Sind jetzt alle abgesessen?« fragte er leise den Adjutanten Sander, der als langer Schatten hinter ihm erschien.

»Jawoll, Herr Hauptmann, alles abgesessen!« meldete der Lange und hob den rechten Arm zum Deutschen Gruß.

»Halbkreis!« befahl Lembcke.

Als wir alle um ihn versammelt waren, erklärte er mit gedämpfter Stimme: »Wir arbeiten uns geräuschlos in Linie vor, auf die Ortschaft zu, und umstellen jedes Haus, könnte ja noch einen Hinterausgang geben. Wenn die Türen verschlossen sind und keiner öffnet – der Gewehrkolben wirkt Wunder. Alle männlichen Personen werden herausgeholt, und wenn sie nicht wollen: Ein Schlag in die Fresse oder ein Tritt in den Hintern – ihr sollt mal sehen, wie die Itaker spuren. Also nicht zimperlich, meine Herren! Wir treffen uns, sagen wir in einer Stunde auf dem Platz vor der Kirche.«

Langsam hatten sich die Augen an die Dunkelheit gewöhnt. Ein Stück rechts vom Weg war vor dem Hintergrund des dunkelblauen Nachthimmels der Umriß eines Hauses zu erkennen.

»Guck mal da, das Haus! Kommst mit?« fragte Unteroffizier Gerson und zog mich am Ärmel.

»Ganz schön verrückt«, murmelte ich.

»Was denn nun schon wieder?«

»Mitten in der Nacht über den Kartoffelacker zu stolpern! Mensch, Rolf, da sind ja schon zwei von uns.«

Tatsächlich, zwei dunkle Gestalten, die sich auf die Behausung zu bewegten.

»Dann können wir ja umkehren«, meinte Rolf. Als wir

zurückstaksten, hörten wir Hundegebell und kurz darauf einen Schuß. Ein klägliches Jaulen — dann war es still.

»Jetzt haben die Idioten den Hund erschossen«, sagte Rolf. Im Haus wurde Licht gemacht. Bummern, dann ein Krachen, als wenn Holz zersplitterte. Aus der geöffneten Tür fiel Licht. Leises Stimmengewirr, das immer lauter wurde: »Los, Tempo ... mach schon — dreckiger Itaker ... avanti, avanti!«

Aus dem Haus kamen drei Personen, die beiden Soldaten und ein Zivilist. Erst als sie sich näherten, sah ich, daß sich eine vierte Person an den Festgenommenen klammerte: eine Frau. Sie hatte weiter nichts an als das Nachthemd und darüber eine Jacke, ihr Haar flatterte im Wind. Sie verfluchte die Deutschen, rief den Antonius und sämtliche Heiligen um Hilfe. Vor uns angekommen fiel sie laut weinend auf die Knie und flehte uns an: »Prego, signor ufficiale, mio marito — innocente ... poveretto!«

Wir standen da wie die Deppen, wie gern hätten wir ihren marito laufen lassen wollen. Der stand stumm mit nassen Augen neben ihr und schnäuzte sich die Nase mit einem großen, weißen Taschentuch.

»Tuo marito ritornare ... zurückkommen.« Log ich oder log ich nicht? Zum Glück fragte sie nicht, wann er zurückkommt. Ihr Heulen ging in lautes Schluchzen über.

»Wir übernehmen den Italiener. Sie können wieder ...«, sagte ich den beiden Männern, die den Festgenommenen hergezerrt hatten. Sie verschwanden im Dunkel, und wir gingen weiter.

»Ein Mist!«

»Wieso das?« fragte Rolf.

»Merkst du nicht, hinter uns kommen auch noch welche.«

»Na, und?«

»Wir könnten den Italiener laufen lassen, aber so ...«

»Wenn er sich losreißt und einfach abhaut?«

»Dann müßten wir hinterherschießen ...

»Und nicht treffen!« erklärte Rolf und lachte kurz.

Der Italiener war zu eingeschüchtert, um einen Fluchtversuch zu wagen; stumm, mit gesenktem Kopf ging er zwischen uns.

»Nun schau dir das an!« Rolf zeigte aufgeregt auf einen Mann, der laut fluchte und sich drehte und schüttelte, um sich von drei Soldaten loszureißen. Deutlich war sein bleiches Gesicht im Halbdunkel zu erkennen, auch das Blut, das von seiner Stirn über das Gesicht lief. Er brüllte: »No . . . no! Das nicht gehen . . . ich amico, Faschist! Das ihr nicht könnt machen mit mir!«

Der Kommandant rannte mir dem Hund auf den Tobenden zu und höhnte: »Sie – ein Faschist?! . . . Dann müßten Sie freiwillig mitkommen, mit Freuden für Deutschland arbeiten . . . Hasso – faß!« Der Hund sprang den sich immer noch wütend wehrenden Mann an und biß ihn in den Oberschenkel. Der Faschist schrie auf – dann war er ruhig.

»Von wegen Faschist! Jetzt alle Faschisten . . . du Dreckskerl!« rief ein Soldat und rammte ihm die Faust in den Mund. Der Italiener spuckte zwei Zähne aus – und ließ sich abführen.

Plötzlich ein Schrei, der Schrei eines Kindes. Einige Schritte links vom Weg hin ein kleines, schmächtiges Mädchen an der dunklen Wolljacke eines weißbärtigen Mannes, den die Soldaten aus der Hütte schleiften. »Nonno . . . nonno! Großvater, Großvater!« jammerte die Kleine. Wie angewurzelt blieb der Alte stehen, die Soldaten versuchten, ihn vorwärtszuziehen; als ihm ein Gewehrkolben in den Rücken gestoßen wurde, bewegte er sich einen Schritt, beim zweiten Stoß schlug er hin wie ein gefällter Baum. Das Mädchen warf sich heulend über ihn; ein Obergefreiter riß es von dem Mann weg und warf es zu Boden. Zwei Soldaten packten den Großvater und rissen ihn hoch.

»Los, aufstehen! Hast lange genug gepennt, Alter«, kommandierte der eine, sie zogen ihn vorwärts. »No, no!« schrie die Kleine, herzzerreißend schluchzte sie, rannte neben ihrem festgenommenen Großvater her.

»Mich widert die ganze Sache an«, zischte ich.

»Mich erst!« sagte Rolf, und mit einer Kopfdrehung nach der links vor uns liegenden Trattoria: »Komm, Hans, jetzt brauche ich einen Grappa, einen doppelten.«

»Ich schon lange«, erklärte ich mit belegter Stimme.

Nach anhaltendem Bummern öffnete sich die grobe Holztür zu einem Spalt. Große, dunkle Augen blickten erstaunt auf unsere Uniformen, die Augen eines halbwüchsigen Knaben. Ich war überrascht, eine kurze Überlegung, dann zischelte ich: »Vai . . . vai avanti . . . Vorwärts! Verschwinde, ragazzo, sonst müssen wir dich mitnehmen!«

Rolf stieß die Tür ganz auf und herrschte den Jungen an: »Nun hau schon ab . . . presto, presto!«

Erschreckt rannte der Junge hinter die Theke und zerrte mit seinen dünnen Armen an einem eisernen Ring am Boden. Rolf sprang hinzu und hob die Falltür hoch: »Los, mach schon, Kleiner! Runter in den Keller . . . beeil dich!«

Kaum war die Tür über dem Jungen zugefallen, kam hinter einem Perlenvorhang eine Frau mittleren Alters in rosafarbenem Negligé hervor, Lockenwickler im schwarzen Haar. Verstört blickte sie auf uns Eindringlinge und fragte mit bebender Stimme: »Giovanni, dov'è ... Wo ist er?«

»Der Kleine, der eben hier war?« fragte ich.

»Ja der, mein Jüngster.«

»Da unten - in Sicherheit«, erwiderte ich und zeigte auf die Falltür.

»Perché . . . Warum?«

»Sonst müßten wir ihn mitnehmen.«

Erleichtert atmete die Wirtin auf, ihre Augen glänzten, und freundlich lächelnd bat sie uns, Platz zu nehmen: »Uno momento − ich komme gleich wieder!«

Sie verschwand für Sekunden hinter dem Perlenvorhang. Mit einem Fiasco Roten kam sie zurück und schenkte uns ein, zum Dank, riconoscimento . . .

Beim Verladen der Italiener, die unser Kommando festgenommen hatte, auf die Lkws mit den SS-Kennzeichen spielten sich vor den steinernen Gesichtern des SS-Wachpersonals erschütternde Szenen ab: Weinende Frauen drohten uns mit erhobenen Fäusten, schrien uns Flüche entgegen, fielen auf die Knie, baten, bettelten, flehten uns an: »Erbarmen! Habt doch Erbarmen mit uns! Gebt uns unsere Söhne und Männer wieder, sie sind nur arme Bauern – unschuldig!«

Nachdem der letzte Festgenommene auf den Lkw geprügelt und gestoßen und die hintere Klappe zugeriegelt war, sprang eine Frau an dem Lastwagen hoch. Schon hatte sie die Oberkante der Klappe erfaßt, da trat ihr ein SS-Mann auf die Finger. Mit einem Aufschrei fiel sie auf das Pflaster.

»Los jetzt – gib Gas!« brüllte ein Sturmführer und sprang auf das Trittbrett des Lkws. Schreiend und mit ausgestreckten Armen rannten einige Frauen hinterher, eine zog ein plärrendes Kind mit. Der Abstand zu ihren Männern wurde schnell größer, schließlich verschwanden die Laster in den Staubwolken des aufgewühlten Feldweges. Laut lamentierend und wehklagend kehrten die Frauen um.

An diesem Tag ging ich nicht ins Atelier, mir war nicht nach Malen zumute. Besser ins Caffè Borsa. Ich hoffte, dort Abwechslung zu finden. Sosehr ich mich bemühte, die Greuel der letzten Nacht zu verdrängen, es gelang mir nicht. Auch nicht im Caffè. Ich setzte mich in den Schatten der grünen Markise und blickte über den Marktplatz; ich sah nicht die schönen, alten Gemäuer um den Platz, nicht die Blumen vor der Arkade und hörte nicht die Musik, »Voglio vivere cosi . . .«, die aus dem Lautsprecher über der Theke kam. Ich sah immer noch das weinende Kind, hörte seine Schreie.

»Pardon, mein Herr, ist dieser Platz hier frei?«

Ich schaute auf: Vor mir stand ein junger Pater in schwarzer Soutane, schlank, dunkelblondes Haar, blaugraue Augen hinter einer randlosen Brille.

»Bitte, Herr Pfarrer!« Ich bot ihm den Stuhl neben mir an.

»Danke, sehr liebenswürdig, aber Pfarrer bin ich noch nicht.«

»Woher sprechen Sie so gut Deutsch?«

»Meine Mutter war Deutsche«, sagte der Pater und setzte sich neben mich.

»Was trinken Sie?«

»Nichts, nein danke! Ich muß gleich weiter«, sagte der Pater, und dann leise: »Ich wollte Ihnen nur danken, wären Sie nicht gewesen, sie hätten den jungen Giovanni heute früh auch mitgenommen.«

»Ich konnte doch nicht . . .«

»Ich weiß.« Der Pater lächelte. »Könnten Sie heute nachmittag in den Dom kommen . . .«

»In den Dom? Was soll ich . . .«

»Keine Sorge – nur in die Sakristei . . . der Monsignore würde sich freuen, wenn Sie gegen fünf Uhr zum Kaffee kämen.«

»Monsignore? Ich kenne keinen Monsignore.«

»Das ist der Abate Mitrato, Abt mit Bischofswürden, Dottore Camillo Naselli-Feo vom Salesianerorden.«

»Donnerwetter, ein ganz hoher . . . Verzeihung, Pater! Ich wollte nicht fluchen.«

»Macht nichts, mir ist auch manchmal danach. Den Pater können Sie weglassen, sagen Sie einfach Don Gianni zu mir, Herr Bertram!«

»Woher wissen Sie meinen Namen?« fragte ich verblüfft.

»Wir wissen vieles«, sagte Don Gianni und lachte. »Sie kommen doch?«

Ich nickte nur, so überrascht war ich von der Einladung des Weihbischofs. Ich war unsicher, sollte ich sie annehmen? Einem so hohen Herrn absagen? Das traute ich mich doch nicht. Obendrein hatte ich schon zustimmend genickt, und außerdem war ich neugierig.

»Gut, ich komme.«

»Dann also grüß Gott – auf Wiedersehen . . . bis später.«

Don Gianni ging, seine Soutane schlackerte ihm um die Beine.

In dem Raum war es angenehm kühl. In der Mitte der weißgekalkten Wand hing ein großes Kruzifix. Wir saßen an einer langen, mit weißem Damasttischtuch bedeckten Tafel, an der Stirnseite der Monsignore, ein stattlicher Herr mit weißen Locken. Das Kruzifix, das an einer Kette um seinen Hals hing, hob sich blinkend vor der schwarzen Soutane ab.

»Der Kuchen ist ausgezeichnet, wer hat den gebacken?« fragte der Monsignore.

»Die Sorelle della Misericordia«, sagte ein rundlicher Pater neben mir, und zu mir: »Das sind die Barmherzigen Schwestern.«

»Herr Bertram, wenn ich fragen darf, wo sind Sie in Deutschland zu Hause?« fragte der Weihbischof.

»In Berlin, Monsignore.«

»War eine schöne Stadt . . . kenne ich . . . ist aber schon lange her, vor der sogenannten Machtübernahme Hitlers . . . Hedwigsdom, Humboldt-Universität, Café Bauer, Romanisches Café und viele schöne Erinnerungen«, schwärmte der Monsignore und sah mich freundlich an. Hoffentlich kommt er mir nicht mit Glaubensfragen, dachte ich, Religion war meine schwache Seite auf der Schule. Erleichtert war ich, als der Weihbischof anfing, über Sport zu reden: »Berlin hatte einmal eine gute Fußballmannschaft.«

»Ja, die waren auch schon Deutscher Meister«, sagte ich.

»Aber mit Juventus Turin kamen sie doch nicht mit«, erklärte der dicke Pater. Den ganzen Nachmittag sprachen die frommen Herren über Fußball. Während sie über die Vor- und Nachteile der Abseitsregel diskutierten, wandte sich der links neben mir sitzende Pater Don Gino an mich und fragte leise: »Würden Sie uns einen Gefallen tun?«

»Und das wäre?«

»Sie sitzen doch im Geschäftszimmer an der Zentrale. Sie wissen vorher, wenn eine Razzia gegen die Zivilbevölkerung stattfindet. Könnten Sie uns . . .«

»Na und? Meinen Sie, ich könnte Sie, wenn der Hauptmann oder andere mithören, anrufen: ›Taucht unter, heute Nacht kommen wir!‹«

»So natürlich nicht, aber wenn Sie wollen . . .« Don Gino kam noch näher an mich heran und flüsterte beinahe flehendlich: »Helfen Sie uns doch – in Gottes Namen, helfen Sie!«

»Mein Gott, wie denn?«

»Sie haben doch eine Direktleitung zum Centralino, zu unserer Telefonzentrale, direkt neben Caffè Borsa, nicht wahr? Da gehen Sie einfach in die Leitung und klingeln dreimal kurz durch, das merkt kein Mensch. Nur wir, wir wissen dann Bescheid.«

»Hm – das ginge schon . . .«

Ich überlegte eine Weile. Hatte ich schon zuviel versprochen? Konnte ich noch zurück? Wenn nicht, dann war ich nicht mehr auf der Seite meiner Kameraden, meiner Heimat, Deutschlands. Ich hatte einen Eid auf Hitler geleistet, unbedingten Gehorsam geschworen, dem Führer zu folgen. Überall hin, auch ins Verbrechen? Nein, nein, nein! Ich war kein Verräter, nein – ich fühlte mich verraten von Lembcke. Uns alle hatte er zu Verbrechern gemacht! Jetzt stand ich auf der anderen Seite.

»Ich mache es«, sagte ich und wußte, daß ich damit ein gefährliches Risiko einging.

In den folgenden Wochen waren die Razzien fast völlig erfolglos, die Verbindung zum Centralino hatte sich bewährt. In keiner Ortschaft, die Lembcke mit seinem Kommando durchforstete, schien es Männer zu geben.

Es war Herbst geworden, die Hitze hatte etwas nachgelassen. Der Platz vor dem Collegio war mit gelbem und rotbraunem Laub bedeckt, die Schatten der Bäume waren länger geworden. Die Kinder, die noch im Sommer vor der Unterkunft gespielt hatten, waren verschwunden. Angst ging um. Ruhe herrschte, Friedhofsruhe, die dann und wann von lauten Kommandos unterbrochen wurde: das tägliche Einerlei des Dienstes im »Comando Tedesco«, Exerzieren und Motorengeräusche, wenn der Ortskommandant von seinen Raubzügen zurückkkam oder Leutnant Sander mit Zivilisten, die er irgendwo aufgestöbert und festgenommen hatte. Kurze Zeit danach laute Marschmusik, die die Schreie der Gefolterten übertönen sollte. Niemand von uns hatte den Mut, etwas dagegen zu sagen, geschweige denn zu tun. Die meisten versuchten, Befehle zu Übergriffen gegen die Bevölkerung lasch auszuführen oder, wo es möglich war, zu umgehen. Einige aber gab es, die sich hervortaten, Zivilisten zu schikanieren und sogar zu quälen. So der Obergefreite Jung, ein Vertrauter des Leutnants Sander.

Eines Nachmittags – ich saß wieder am Klappenschrank – brachten Leutnant Sander und Obergefreiter Jung eine festgenommene Dame ins Geschäftszimmer, sie sollte, wie Sander erklärte, die Tochter eines Professors aus Padua sein, eines führenden Mitglieds des COMITATO MANDAMENTALE DI LIBERAZIONE NAZIONALE. Sie war schlank, hatte eine sportliche Figur und war mit einer geblümten Bluse und einem hellblauen Plisseerock bekleidet.

»Ich bin beim Alten«, sagte Leutnant Sander zu Jung. »Passen Sie auf die Frau auf!«

»Was soll ich denn mit ihr machen?«

»Machen Sie doch, was Sie wollen«, rief Sander gereizt.

Kaum war Sander verschwunden, nahm ihn Jung wörtlich: Während er mit der Linken ihre Brüste nach Waffen abtastete, fuhr er ihr mit der Rechten blitzschnell unter den Rock. Prompt gab ihm die Signorina eine schallende Ohrfeige und schrie: »Porco! Sie Schwein!« Der Obergefreite war verblüfft, einen Augenblick stand er ratlos da, Zeit genug für mich, hinzuspringen, um seine erhobene Hand zu packen. Mit einem Ruck riß ich seinen rechten Arm auf den Rücken – er brüllte auf.

»Du mieser Bock! Dich an einer Wehrlosen zu vergreifen!« wütete ich. Sich mit einem Vorgesetzten in Handgreiflichkeiten einzulassen, traute er sich doch nicht. »Aua, das tut ja weh!« jammerte er. Obergefreiter Peukert klatschte Beifall: »Bravo, Herr Unteroffizier, geben Sie's dem – dem eingebildeten Fatzke!«

»Lassen Sie den Mann los, Unteroffizier Bertram!« befahl Hauptmann Lembcke, der, irritiert vom Lärm, aus seinem Zimmer kam. »Die Prügelstrafe ist beim Militär längst abgeschafft.«

»Der Obergefreite wollte sich an der Signorina vergreifen.«

»Wenn die feine Dame zu fein ist zu reden, dann muß er doch nachhelfen«, meinte Lembcke beschwichtigend.

»Aber nicht so!«

»Wie?«

»Er wollte sich an die Signorina ranmachen.«

»An eine Partisanin? Das hab ich gern!« lästerte Lembcke.

»Ich hab sie ja nur nach Waffen durchsuchen wollen«, versuchte Jung sich zu rechtfertigen.

»Nach den Waffen einer Frau – was?« Der Hauptmann griente. »Mit anderen können Sie machen, was Sie wollen – Privatsache. Aber Kontakte mit Partisanen – nein! Lassen Sie den Unsinn, Obergefreiter Jung! Wir sind eine anständige Truppe.«

Ich mußte mich beherrschen, um nicht loszuplatzen vor Lachen. Der Kommandeur starrte mich an, unsicher, geradezu mißtrauisch. Sind wir schon so weit gekommen, dachte ich, daß das Eintreten für Anstand als konspirativ verdächtigt wird? Ich erhaschte einen dankbaren Blick der Signorina, der mich aufatmen ließ. Scheinbar gleichmütig setzte ich mich wieder an die Vermittlung, an der die Klappen unaufhörlich rasselten.

»Die Signorina kommt morgen nach Padua«, bestimmte Lembcke. Der Adjutant, der indes aus dem Chefzimmer gekommen war, sagte nur: »Jawoll, Herr Hauptmann!«

»Gianna Vredin können wir nicht hier lassen, die macht uns noch die ganze Abteilung verrückt.«

»Aber wo wollen wir hin mit dem Flintenweib?« fragte Sander.

»Ich sagte bereits – nach Padua zum SD, die werden wissen . . .«

»Ich meinte, solange sie hier ist.«

»Am besten in die Kammer hinter meinem Zimmer«, sagte Lembcke.

Als er sie angrinste wie ein Faun, hob sie den Kopf und verzog verächtlich die Mundwinkel.

»Feldwebel Felkel soll sich um die Signorina kümmern, solange sie hier ist«, befahl Lembcke nach kurzer Überlegung. »Der ist ungefährlich, seine Frau ist ja hier im Albergo Centrale.«

»Jawoll, Herr Hauptmann, im Albergo Centrale«, wiederholte Leutnant Sander.

Die Signorina lächelte spöttisch, wahrscheinlich hatte sie mitgekriegt, was hier lief, vielleicht konnte sie sogar Deutsch, ohne sich das anmerken zu lassen.

Feldwebel Felkel erschien und nahm sich der Gefangenen an; etwas Besseres hätte ihr nach Lage der Dinge nicht passieren können. Ich war einigermaßen beruhigt.

Am Abend des nächsten Tages kam Felkel allein im Kübelwagen zurück und meldete, die Signorina sei vor einer auf Rot stehenden Ampel aus dem Wagen gesprungen und im Verkehrsgewühl entwischt – leider.

Am Nachmittag gegen fünf Uhr kam ich aus dem Atelier und ging ins Geschäftszimmer, um mich beim diensthabenden Obergefreiten Schneider nach »besonderen Vorkommnissen« zu erkundigen.

»Mensch, hau ab, Hans!« empfing mich Schneider. »Der Alte ist stinksauer.«

»Ja, das ist er«, sagte der Hauptmann, der eben den Raum betrat und die letzten Worte mitgehört hatte, und zu mir: »Bleiben Sie gleich hier, Unteroffizier Bertram! Ich muß mit Ihnen reden. Nein, nicht hier − gehen wir in mein Zimmer.«

Kaum hatte ich Platz genommen, legte er los: »Der Gefreite Gasser, Kurt Gasser, ist verschwunden, seit vorgestern abend überfällig.« Er machte eine Pause und sah mich fragend an: »Sie kennen ihn doch.«

»Ja, schon − aber nur vom Sehen«, versicherte ich.

»Können Sie sich vorstellen, daß er die Truppe verlassen hat?«

»Nein, das bestimmt nicht«, antwortete ich wahrheitsgemäß.

»Warum sind Sie so sicher?«

»Weil er SS-Mann ist.«

»Gefreiter ist er doch, Angehöriger der Luftwaffe.«

»Ich meine ja nicht die Waffen-SS, in der allgemeinen ist er.«

»Woher wissen Sie das?«

»Ist doch ein Angeber, dieser Gasser, das erzählt er jedem, vielleicht, um sich eine Art Rückhalt zu verschaffen. Was weiß ich!«

Lembcke überlegte eine Weile, stand auf und ging zum Aktenschrank. »Wollen Sie auch ein Glas?«

»Nein danke, Herr Hauptmann.«

Lembcke holte einen Fiasco Rotwein aus dem Schrank und schenkte sich ein Glas ein. Statt mich zu fragen, wo Gasser sein könnte, wollte er wissen, ob dem SD Padua bekannt sei, daß sich ein SS-Mann in unserer Abteilung befindet. Jetzt wurde mir klar: Er wollte wissen, ob Gasser auf ihn angesetzt sein könnte, ob er bespitzelt würde. Ich wußte das nicht, sagte aber, um ihn zu verunsichern: »Ich halte das durchaus für möglich, sogar für wahrscheinlich.«

Das rosige Gesicht des Hauptmanns wurde um eine

Schattierung dunkler, er wischte sich den Schweiß von der Stirn, seine Rechte zitterte, als er das Glas hob.

»Gestatten Sie bitte eine Frage, Herr Hauptmann. Warum soll ich grade . . .«

»Sie haben Kontakte zur Bevölkerung, verstehen etwas Italienisch. Vielleicht könnten Sie herauskriegen, was mit Gasser passiert ist . . . Ob die Italiener wissen, daß Gasser bei der SS ist?«

»Wenn er auch im Caffè Borsa damit angegeben hat, wahrscheinlich. Da haben die Wände Ohren.«

»Um Himmels willen, wenn ihn die Partisanen entführt haben!« argwöhnte er. Ich glaubte, es wäre ihm lieber, Gasser wäre desertiert. Ein SS-Mann in der Gewalt der Partisanen! Was würde der Polizeichef von Padua sagen, wenn er erführe, daß sich sein Sicherheitskommandant den Kontaktmann wegschnappen läßt?!

»Wollen wir mal abwarten, was wird. Mit der Meldung – wenn überhaupt – hat es immer noch Zeit. Und noch eins, Unteroffizier Bertram: Die Geschichte bleibt vorläufig unter uns!«

»Ich hoffe, daß noch alles gut ausgeht«, sagte ich, meinte es aber anders als Lembcke, der mir jetzt freundlich zunickte. Ich war froh, als ich wieder vor meinem Klappenschrank saß.

Es war schon spät. Die Fenster waren verdunkelt, die Tischlampen verbreiteten nur spärliches Licht in der Schreibstube. Hin und wieder ein Anruf, sonst war es ruhig. Ich nahm mir eine neue Lektion des italienischen Sprachkurses und versuchte, die Pluralform von arrivare zu bilden, legte die Broschüre aber gleich beiseite. Ich wußte nicht, was mit mir los war, mußte dauernd an das Gespräch mit Lembcke denken, und wie er gezittert hatte, als die Rede auf den SD Padua kam.

Auch in meinen Kameraden schien irgend etwas vorzugehen. Feldwebel Bremer, der Gelegenheitsraucher, rauchte hastig eine Zigarette nach der anderen, und Unteroffizier Backhaus, der sonst so flotte Schreiber, saß vor einem leeren Blatt und kaute am Ende eines Federhalters.

Die Tür öffnete sich, langsam, knarrend. Herein kam Gefreiter Gasser, vorsichtig wie auf Glatteis.

»Mann! Da sind Sie ja, Sie Unglücksmensch!« rief Feldwebel Bremer. Natürlich erwartete er einen bedrückten Gasser, der aber sah ihn frech und selbstsicher an. Das war zuviel für Bremer, er schrie: »Nehmen Sie gefälligst ihr Käppi ab, wenn Sie hier reinkommen, oder haben Sie Spatzen unter dem Hut?!«

Als der Gefreite das Käppi abnahm – tosendes Gelächter: Er hatte eine Glatze. Wütend fuhr er mit der Hand über den kahlen Kopf und fluchte: »Diese Schweine! Geschändet haben sie mich, das werde ich ihnen heimzahlen.«

Indes war der Hauptmann aus seinem Zimmer gekommen, musterte den Gefreiten und schüttelte den Kopf: »Wie sehen Sie denn aus, Gefreiter Gasser?«

Grinsend raunte mir Backhaus zu: »Immer noch zackig, auch als Glatzkopf.«

»Wo haben Sie so lange gesteckt?« fragte Lembcke.

»Wo ich war, weiß ich nicht. Mich haben sie . . .«

»Wer?« wollte Lembcke wissen.

»Habe ich nicht erkennen können. Es war schon dunkel, als mich die Männer an der Mauer vom Kastell erwischt haben – drei oder vier werden es gewesen sein, sicher Partisanen.«

»Diese Banditen! Weiter, wie ging's weiter?« Eigenartig, daß der Hauptmann den Gefreiten nicht in seinem Dienstzimmer befragte, sicher sollten auch wir mitbekommen, wie die Partisanen mit deutschen Soldaten umsprangen.

»Können Sie sich wenigstens erinnern, wie die Gegend ausgesehen hat? Einzelheiten!«

»In ein Auto haben die mich gezerrt, in eine schwarze Limousine, da konnte ich nichts sehen – es war ja dunkel. Kreuz und quer sind sie gefahren. Ich weiß nur, daß es manchmal bergauf ging . . .«

»Das waren sicher die Hügel im Norden, die Colli Eugenai«, erklärte Leutnant Sander, der inzwischen hinzugekommen war.

»Und – haben die Partisanen etwas gesagt?« fragte Lembcke.

»Die haben nur Italienisch geredet . . . ich habe nichts verstanden. Nur als sie mir das Haar abgeschnitten haben, hat der eine, der etwas Deutsch konnte, gesagt: ›Das nur zur Warnung!‹ Dann haben sie mir ein Tuch vor die Augen gebunden, sind zum Kastell gefahren und haben mich da laufen lassen.«

»Verdammter Mist!« fluchte der Hauptmann und stampfte mit dem Fuß auf.

Am Nachmittag des 10. Oktober stieß Obergefreiter Jung einen mit Handschellen gefesselten Zivilisten ins Geschäftszimmer und tobte: »Avanti, avanti . . . dio cane . . . Verdammter Partisan! Du Miststück!«

Hinter ihm betrat Leutnant Sander hämisch grinsend den Raum.

»Ist der Hauptmann da?« fragte er Unteroffizier Backhaus, der erstaunt aufblickte. »Nein Herr Leutnant, muß aber gleich kommen, ist mal eben . . .«

»Wir warten.«

Ich sah mir den Gefangenen an und erschrak: Die linke Augenbraue war aufgeschlagen, und rötlicher Schweiß lief ihm über das Gesicht. das weiße Hemd war durchnäßt und verschmutzt, die dunkle Hose am rechten Knie aufgerissen.

»Sono innocente . . . unschuldig . . . niente partigiano!« beteuerte er und starrte angsterfüllt auf den langen Leutnant.

Hauptmann Lembcke kam ins Zimmer und stieß einen leisen Pfiff aus. »Holla, wen haben wir da?«

»Einen Partisan, einen richtigen Partisan«, meldete Sander.

»Ist ja prächtig. Na, dann wollen wir mal . . .«

»Soll ich ihm die Handschellen abnehmen?«

»Lassen Sie ihm die Armbänder doch an, Leutnant Sander, die stehen ihm doch gut!« Lembcke grinste zynisch. »Was wollen wir mit dem Kerl machen?«

»Umlegen!« sagte der Leutnant, monoton wie ein Croupier beim Rien-ne-va-plus.

»Natürlich umlegen. Ich meinte, wo wir ihn jetzt lassen.«

»Am besten in der Kammer neben Ihrem Zimmer.«

»Bin einverstanden – also lassen Sie den . . . Wie heißt dieser Lump?«

»Agostino Sartori.«

»Also den Sartori in die Kammer sperren.«

Der Gefangene schien nichts verstanden zu haben, sonst hätte er, als von »Umlegen« die Rede war, bestimmt reagiert. Er stand, vor Angst zitternd, mit gesenktem Kopf neben dem Obergefreiten.

»Obergefreiter Jung!«

»Herr Leutnant?« fragte Jung und nahm Haltung an.

»Sie haben's ja gehört – ab mit dem Sartori in die Kammer, und streicheln Sie ihn ein bißchen mit der Peitsche! Vielleicht spuckt er doch noch die Namen der anderen aus.«

»Jawoll, Herr Leutnant!«

Der Obergefreite verschwand mit Sartori. Kurz danach klatschende Geräusche und Schreie.

»Was meinen Sie, Sander, wo könnte die Exekution stattfinden?«

»Ich schlage vor, hinter dem Innenhof, Herr Hauptmann. Da ist so eine Art Hof, ein ummauertes Areal - da kommt sonst kein Mensch hin.«

»Hm – das wird wohl das beste sein«, Lembcke nickte zustimmend und befahl nach kurzer Überlegung: »Suchen Sie – sagen wir – zwölf verläßliche Männer aus für ein Exekutionskommando, und morgen früh um sechs Uhr stellen wir den Sartori an die Wand. Was meinen Sie, ob wir noch so 'ne Art Standgericht abhalten?«

»Ich halte das für völlig überflüssig, Herr Hauptmann

– mit Verlaub gesagt – für Faxen, reine Zeitverschwendung.«

»Aber das gibt uns doch den Anschein, dem Recht Genüge . . .«

»Recht hin, Recht her, Recht ist, was uns nützt, und wenn Sartori weggeputzt ist, kräht kein Hahn mehr nach ihm.«

Beruhigt ging Lembcke wieder in sein Zimmer, wo ihn sein Hund mit freudigem Gejaule empfing.

»Aber ja doch, Hasso, mein Lieber!« beruhigte ihn Lembcke und kraulte ihm zärtlich die Ohren.

An diesem Abend – es war schon nach 23 Uhr – konnte ich nicht einschlafen. Ich mußte dauernd an Agostino Sartori denken. Dieser einfache Bauer – ein Partisan? Ich konnte mir nicht vorstellen, daß er ein Heckenschütze sein sollte. Sicher war er einer, der sich der Verschleppung durch unser »Sicherheitskommando« entziehen wollte, sich in den Bergen versteckte und dort dem Freiheitskomitee angeschlossen hatte. Vielleicht ist er verheiratet, überlegte ich, hat Kinder. Und dieser Familienvater soll sterben, ermordet werden auf Befehl eines Hauptmann Lembcke, der ein Exempel statuieren will.

Wenn dieses verfluchte Jawoll-sagen und Klappe-halten nicht gewesen wäre, aufschreien hätte ich können: »Nein, nein – nicht schießen! Das ist Mord . . . Mord . . . Mord!« Noch immer hatte ich die Stimme des Paters im Ohr: »Helfen Sie uns – in Gottes Namen, helfen Sie!«

Kühle Morgenluft weckte mich, die Decke war verrutscht. Ich reckte mich und deckte mich zu. Es war noch dunkel, ich schaute auf das Leuchtzifferblatt meiner Armbanduhr: halb fünf. Ich wollte mich noch einmal umdrehen, eine Mütze Schlaf nehmen. Ich hatte schlecht geschlafen. Mir fiel Agostino Sartori ein, und ich war hellwach. Eineinhalb Stunden sollte er noch leben dürfen nach dem Willen Lembckes! Ich sprang auf, in Minuten war ich angezogen, die Exekution, die mußte ich sehen, mich vergewissern, ob das Unglaubliche, der Mord an einem Unschuldigen, wirklich wahr würde.

Der Unteroffizier vom Dienst pfiff zum Wecken. Ich saß schon im Geschäftszimmer. Leutnant Sander kam herein, setzte sich auf den Tisch, zog seine Pistole aus der Tasche und lud durch. Er schaute auf seine Uhr: noch eine Viertelstunde. Jetzt kamen auch Feldwebel Linn und Obergefreiter Jung.

Der Feldwebel meldete dem Leutnant: »Exekutionskommando angetreten!«

»Gut«, sagte Sander, und zum Obergefreiten: »Holen Sie den Sartori aus der Buchte!«

»Jawoll, Herr Leutnant!«

Ohnmächtig mußte ich mit ansehen, wie der Gefangene, noch immer in Handschellen, durch die Schreibstube auf den Hof geführt wurde. Seine Augen waren gerötet, die Nase tropfte. Langsam schlurfte er vorwärts, wenn er stehenblieb, stieß Jung ihm mit der Pistole ins Kreuz. Leutnant Sander, Feldwebel Linn und einige Neugierige, darunter auch ich, gingen hinterher. Hauptmann Lembcke hielt sich bedeckt.

Sartori zitterte am ganzen Körper. Als er die in Linie angetretenen Soldaten sah, schrie er auf, riß sich vom Obergefreiten los und wollte zurücklaufen. Der Leutnant stellte ihm ein Bein, er schlug lang hin. Zwei Männer rissen ihn hoch.

»Verbinden Sie ihm jetzt die Augen, Feldwebel Linn!« befahl Leutnant Sander.

»Jawoll, Herr Leutnant!«

Der Feldwebel band Sartori ein schwarzes Tuch vor die Augen und führte ihn, ohne ein Wort zu ihm zu sagen, an die Mauer.

»Legt an!« hallte Sanders Kommando über den Hof.

»No, no, no! kreischte Sartori, und dann: »Viva Itali . . .«

Karabiner knatterten, das Echo dröhnte von den Mauern des Collegios. Sartori sackte in sich zusammen, sein Hemd färbte sich rot, ein Ruck ging durch seinen Körper, er fiel in den Sand. Der Leutnant ging zu ihm, zog die Pistole und schoß in den Hinterkopf.

»Sicher ist sicher«, sagte er und steckte die Waffe gleichmütig in die Pistolentasche.

Ich stand da wie festgenagelt, kriegte kein Wort über die Lippen und starrte auf den leblosen Körper Sartoris. Ich stieß den neben mir stehenden Feldwebel Felkel an, der verstand und nickte nur. Er schneuzte sich die Nase, faßte mich am Ärmel und sagte: »Komm!«

»Verdammt nochmal, welcher Idiot ruft denn da an – mitten in der Nacht!« murmelte ich, noch im Halbschlaf, und drehte mich auf die andere Seite. Wird schon von selbst aufhören, dachte ich. Aber das Rasseln am Klappenschrank wurde immer nervöser. Gähnend richtete ich mich auf und rieb mir die Augen. Stockdunkel war es. Ich wollte ans Fenster, die Verdunkelung hochziehen, stolperte über meine Stiefel und wäre gefallen, wenn ich nicht im letzten Moment die Stuhllehne erwischt hätte. Auch ohne Verdunklung wurde es nicht heller in der Schreibstube, nur die Fenster waren graue Rechtecke. Die Klappe am Schrank rasselte unaufhörlich. Im flackernden Licht des Feuerzeugs fand ich den Anrufer heraus: Er kam über die italienische Leitung.

»Pronto . . . Pronto, chi parla?«

»Ecco Carabinieri Bevilacqua!« meldete sich eine leise aber sehr aufgeregte Stimme. »E voi?«

»Ecco comando tedesco, Este.«

»Prego il capitano! Presto . . . importante, molto importante! Wichtig, sehr wichtig!«

»Uno momento!«

Fünfmal rief ich beim Kommandeur durch, aber er meldete sich nicht. Ob ich Lembcke wecken soll? Gestern abend ist er erst spät von einem Raubzug zurückgekommen und hat mit Bighelli fast bis Mitternacht gesoffen. Ich konnte mir höchstens einen Anschiß einhandeln, aber auch, wenn es wirklich etwas Wichtiges war und ich es unterließ, die Verbindung mit dem Sicherheitskommandanten herzustellen.

Ich ging leise, ohne anzuklopfen, in Lembckes Zimmer. Zaghaft faßte ich an die Schulter des Schlafenden. »Herr Hauptmann, ein dringender Anruf für Sie!«
»Hm . . . Bertram, Sie?« nuschelte Lembcke und gähnte. »Was ist?«
»Ein Anruf!«
»Wie spät ist es eigentlich?«
»Kurz nach vier.«
»Hat das nicht Zeit bis zum Wecken?«
»Scheint etwas Wichtiges zu sein.«
Ächzend reckte sich der Hauptmann und griff zum Hörer, das Telefon stand auf dem Nachttisch in Reichweite.
»Hallo – Verdammtnochmal, ich verstehe nichts!« brummelte er. »Feldwebel Linn soll kommen – ein Italiener am Apparat.«
Zwei Minuten später war der Feldwebel zur Stelle. »Pronto«, rief er in die Sprechmuschel, und dann wurde sein Gesicht ernst. Er sagte immer nur: »Si, si . . .«
Als er geendet hatte, fragte Lembcke: »Was ist nun?«
»Heute nacht sind zwei Brücken gesprengt worden, eine in Bevilacqua, die andere in Borgo Frássine. Zwei Partisanen sind auf frischer Tat ertappt worden, sie sind von den Faschisten festgenommen worden, von der Brigata Nera Legnago.«
»Verflucht! Ausgerechnet in meinem Bereich! Die Banditen müssen wir uns vornehmen – sofort. Sander soll kommen mit 20 Mann, los, schnell! Holen Sie die Männer aus den Betten!«
»Jawoll, Herr Hauptmann!«
»Sie nicht, Feldwebel Linn, sie brauche ich noch. Unteroffizier Bertram meine ich.«
»Ich habe aber Vermittlungsdienst«, wandte ich ein.

»Ist mir scheißegal. Hauen Sie ab!« fuhr mich Lembcke an.

In knapp fünf Minuten war das Kommando zusammengestellt. Schon starteten sie, Lembcke im Alfa Romeo. Sander, Jung und Linn im Kübelwagen, die Mannschaft im Lkw. Es war noch finster, kurz nach fünf. Wie mag das wohl enden, grübelte ich vor mich hin. Meine Hände zitterten, als ich mir eine Zigarette ansteckte. Zwei neue Opfer! Weiterschlafen konnte ich nicht mehr, ich knipste die Tischlampe an. An der Wand in der Fensterecke eine Spinne, ein Weberknecht, er rannte um sein Leben. Bedeutete das Unglück? Ich verwarf diesen Gedanken, ich war doch nicht abergläubisch! Ich nahm mir den angefangenen Krimi vor, konnte mich bei Lesen nicht konzentrieren, klappte die Broschüre zu. Ich versuchte das eben Gehörte zu verdrängen, immer wieder mußte ich an die beiden Festgenommenen denken, die in der Gewalt der Faschisten waren. Ich erschrak beim Rasseln der Klappe, wieder das Centralino. Die Carabinieri aus Bevilacqua! Sie gaben die Namen der Festgenommenen durch: Gulio Biscazzo und Leonardo Rossin. Ich schaute auf die Uhr: Eine Viertelstunde hatte es gedauert, bis die Faschisten die Namen aus den Partisanen herausgefoltert hatten.

Am späten Nachmittag kam das Kommando aus Bevilacqua zurück, ohne den Sicherheitskommandanten. Leutnant Sander sprang aus dem Kübelwagen, Obergefreiter Jung zerrte einen mit Handschellen gefesselten Mann aus dem Fond: Leonardo Rossin, der, klein und gedrungen, für einen Untergrundkämpfer zu behäbig wirkte. Er hatte ein feistes Milchgesicht, sein weißes Hemd war schmuddelig und die olivgrüne Jacke zu eng.

»Vorwärts ... avanti, du Bandit!« brüllte Jung und trieb ihn mit dem Gewehrkolben vorwärts.

»Jetzt kommen sie«, sagte Backhaus, als die Tür der Schreibstube aufgerissen wurde. Jung schob den Gefangenen herein, hinter ihm traten Leutnant Sander und Feldwebel Linn ein.

»Was Besonderes?« fragte Sander den Schreibstubenunteroffizier, nahm die Mütze ab und wischte sich den Schweiß von der Stirn.

»Nein, nichts, Herr Leutnant.«

»Wenn was Dringendes vorliegt, kommen Sie zu mir. Es kann spät werden, bis Hauptmann Lembcke . . .«

»Wo ist denn der Hauptmann?«

»Als wir in Bevilacqua fertig waren, ist er weitergefahren nach Minerbe, zur O. T. wollte er«, erklärte Sander und wollte gehen. Er war schon an der Tür, als Obergefreiter Jung fragte: »Und Rossin, was soll ich mit dem . . .«

»Unwillig wandte der Leutnant den Kopf und rief: »Einsperren natürlich, was sonst!«

Feldwebel Linn meldete sich zurück und ging auch. Backhaus und ich waren wieder allein im Zimmer. Es war still. Nur das Ticken der Wanduhr und das Brummen einer Fliege, die gegen die Fensterscheibe flog, am Glas abwärtstrudelte und dann hochkrabbelte, wieder abwärtstaumelte, wieder hochkrabbelte. Ich öffnete das Fenster ein wenig. Die Fliege fand den Spalt und flog ins Freie. Die Tür ging auf, das Fenster schlug zu, Papiere wirbelten vom Schreibtisch. »Mensch, paß doch auf! Mußt du denn das Fenster aufreißen!« schimpfte Backhaus.

»Ein bißchen frische Luft kann uns nur guttun«, erwiderte ich und half ihm, die Dienstpläne und sonstigen Papiere vom Boden aufzuheben. Unteroffizier Gerson war reingekommen. »Du, Hans«, sagte er. »Kommst mit?«

»Ja, warte einen Augenblick, Schneider muß gleich kommen, ich habe ihn abgelöst. Er mußte mal . . . Du warst doch auch mit in Bevilacqua – erzähle mal!«

»Ja, gleich«, sagte er mit einem Seitenblick auf Backhaus. »Am besten bei einem Glas Roten, da erzählt's sich besser.«

Zwei Minuten später war Obergefreiter Schneider wieder da. Rolf und ich gingen durch die leere Via d'Azeglio. Mir war, als versteckten sich die Bewohner vor uns – wie vor Aussätzigen.

»Nun sag mal, wie war's?« drängte ich ihn.

»Schrecklich! Ich muß erst mal einen trinken, sonst bleiben mir die Worte im Halse stecken. Wir sind ja gleich im Caffè Borsa.«

An einem Tisch im Caffè waren noch zwei Plätze frei. Als wir uns setzten, standen die beiden Männer an unserem Tisch auf und gingen mit ihren Weingläsern an die Theke. Rolf schüttelte verständnislos den Kopf.

»Da brauchst du dich nicht zu wundern«, sagte ich und rief den Cameriere – vergebens! Schließlich ging ich an die Theke und holte zwei Gläser Grappa.

Nach dem zweiten Schnaps wischte sich Rolf mit der Rechten die Lippen und erzählte: »Also gegen sechs waren wir da, in Bevilacqua. Es war noch dämmerig, aber die Trümmer der Brücke konnte ich schon von weitem sehen, daneben dunkle Gestalten. Als wir näher kamen, erkannte ich sie: Guardia Nazionale Repubblicana. Lembcke, in seiner weißen Kutsche vor uns, ließ halten. Ein Offizier der Schwarzhemden kam an seinen Wagen und zeigte auf das große Gebäude hinter den Bäumen, das Schloß von Bevilacqua. Wir alle hin zum Schloß. Ein Trupp der Schwarzhemden unter Führung eines Tenente hatte schon den leerstehenden Flügel des Gebäudes beschlagnahmt. In dem anderen Teil waren deutsche Soldaten, die aber mit uns nichts zu tun hatten. Wir waren noch nicht drin in den beschlagnahmten Räumen, da hörten wir schon das Geschrei, wie aus einem Schlachthof! Die Verhöre und Folterungen waren voll im Gange. Etwa hundert Zivilisten standen an, bewacht von Faschisten mit vorgehaltenen Gewehren, standen an zur Gehirnwäsche.«

»Hast du gesehen, wie sie gefoltert . . .«

»Mensch, hör bloß auf damit! Wenn ich daran denke, kommt mir die Galle hoch«, sagte Rolf, nahm einen kräftigen Schluck und schüttelte sich.

»Was denn? Nun sag doch!«

Er nahm noch einen Schluck und fuhr fort: »Die Faschisten haben den Verdächtigen Nadeln unter die Fingernägel getrieben. Das Gebrüll, gräßlich. Ich konnte das nicht mit ansehen, hab mir die Ohren zugehalten und bin rausgelaufen.«

»Haben welche gestanden?«

»Ja, drei konnten gleich der Mittäterschaft überführt werden. Den einen hat sich Lembcke vorgenommen . . .«

»Und der ist die ganze Zeit dabei gewesen?«

»Natürlich. Laß mich weitererzählen! Also der Alte hat ihn vorgenommen — Rossin heißt er, glaube ich —, und der hat dann gesungen, Namen genannt . . .«

»Verräter!«

»Es ging um seinen Kopf, und das wußte er — ja, das wußte er. Natürlich wußte er . . .«, lallte Rolf, plötzlich schrie er: »Hergott nochmal! Was sollte er denn machen? Du Schlaumeier! Hockst hinter deiner Quasselkiste und schwingst kluge Reden!«

»Mann, beruhige dich, Rolf! So war das nicht gemeint. Ehrlich gesagt, ich weiß nicht, wie ich mich verhalten hätte, ob ich die Schnauze gehalten hätte . . . komm, wir gehen . . . Die Leute gucken schon . . .«

»Ja, ja, die Leute . . . die können mich mal . . . ich komme gleich, aber erst noch einen kleinen, klitzekleinen Grappa!«

»Gut — noch einen, damit du stille bist, und dann gehen wir.«

»Ja, ja, ja! Ich verspreche dir, schwöre diesen heiligen Eid, daß ich dem Führer des deutschen Volkes und . . . mir reicht es.«

»Mensch, Rolf, wenn das jemand hört!«

»Na und? Ist mir scheißegal.«

Ich mußte Rolf den versprochenen Grappa holen. Mit einem Schluck leerte er das Glas, rülpste und sang: »Denn wir marschihieren ins Feindesland . . .«

Rolf schwankte zur Tür, ich mußte ihn halten. Arm in Arm torkelten wir, vaterländische Lieder singend, zur Unterkunft.

Am nächsten Morgen mußte Feldwebel Linn zum Hauptmann. Es dauerte fast eine Stunde, bis er wiederkam. Er legte einen vollbeschriebenen Bogen auf den Tisch, setzte sich an die Schreibmaschine und fing an zu tippen.

»Unser neuer Schreibstubenbulle«, lästerte ich.

»Mensch, laß mich! Ich bin nicht aufgelegt für deine Witze!«

»Oh – Verzeihung, Herr Feldwebel!«

»Schon gut, Bertram . . . aber wenn du diesen Mist hier siehst, kann dir auch das Lachen vergehen. Hier – das soll ich übersetzen . . . ist für die Bevölkerung . . . Todesurteile!« seufzte Linn und gab mir den Bogen:

Bekanntmachung
Als Vergeltungsmaßnahme für die Zerstörung der beiden Brücken bei Borgo Frássine und Bevilacqua ordnet der Kommandant für die Sicherheit der Zone Padua-Süd folgendes an:
1. daß an jeder der beiden zerstörten Brücken ein Partisan erhängt wird, welcher dort 48 Stunden hängenbleibt und dann ohne jegliches Gefolge begraben wird;
2. daß eine Liste mit 50 unerwünschten Personen des Gerichtsbezirks von Montagnana angefertigt und daß diese Personen nach Deutschland geschickt werden;
3. daß die gesamte Bevölkerung an der Wiedererrichtung der Brücke beteiligt sein muß;
4. daß das gesamte Baumaterial (Holz, Eisen usw.), gleichgültig, ob es sich in persönlichem Eigentum oder in öffentlichem Eigentum befindet, gesperrt bleibt und der Organisation Todt in Minerbe (Bauleiter 2, Baumeister Hardt) zur Verfügung stehen muß. Bis zum 22. 10. 44 um 12 Uhr muß die Liste mit dem gesamten Konstruktionsmaterial dem Baumeister Hardt vorgelegt werden.
Der Sicherheitskommandant
gez. Lembcke
Hauptmann

»Ein ganz faules Ding!« meinte ich.

»Das kannst du laut sagen.«

»Lieber nicht . . . du – der Alte!« sagte ich und drehte mich zum Klappenschrank. Linn beugte sich über die Bekanntmachung und hämmerte auf der Schreibmaschine. Lembcke trat an ihn heran und fragte: »Wie weit sind Sie?«

»Es dauert noch etwas, Herr Hauptmann.«

»Kommen Sie! Wir haben keine Zeit. Sie können weiter schreiben, wenn wir zurückkommen.« Lembcke sah mich an und fuhr fort: »Und Sie, Unteroffizier Bertram, Sie lassen sich ablösen und kommen auch mit!«

Der Adjutant kam in die Schreibstube.

»Gut, daß Sie kommen, Leutnant Sander«, sagte der Hauptmann. Sie nehmen sich Jung und fahren mit Rossin zum Gefängnis. Tauschen Sie den Partisan mit Sinigaglia aus; den bringen Sie dann her.«

»Jawoll, Herr Hauptmann.«

In mir stieg ein furchtbarer Verdacht auf: Er wird doch nicht Pietro Sinigaglia, den sympathischen Jungen . . . er wollte nur bei seiner kranken Mutter bleiben . . . und wenn sie nicht krank war? . . . ist egal! . . . Deshalb darf ihn Lembcke nicht . . . nein, nein, nein, Pietro darf nicht sterben!

Mitgefühl und Wut kamen in mir hoch. Und das Schlimmste: Ich konnte nichts dagegen tun, noch nicht einmal meinen Zorn herausschreien.

»Und wenn der Sinigaglia Sperenzchen macht, gleich in die Fresse hauen! Und noch was, Sander: Wir brauchen einen Arzt.«

»Etwa für Sinigaglia? Wenn der erst mal hängt, ist er doch erledigt für uns.« Sander hob die Schultern.

»Weiß ich auch. Er soll mir nur den Tod und die Todesursache von Sinigaglia bescheinigen. Diesen Nachweis füge ich als Beleg meiner Meldung an den Polizeichef von Padua bei, daß die Exekution des Delinquenten ordnungsgemäß durchgeführt worden ist.«

»Da weiß ich einen, Herr Hauptmann, den Stabsarzt der

18. Brigata Nera von Montagnana; ich glaube, Pisani heißt er.«

»Ist ja bestens! Ein Faschist ist grade der Richtige für uns. Sagen Sie Feldwebel Linn, er soll sich mit dem Stabsarzt telefonisch in Verbindung setzen: Ich, nein, der Sicherheitskommandant wünscht, daß er sich — sagen wir in einer Stunde — in Montagnana bereit hält, mit uns nach Borgo Frássine zu fahren. Liegt ja ungemein günstig, da müssen wir vorbei, und da kann er gleich zusteigen.«

Ich hatte genug gehört, versuchte meine Gedanken zu verdrängen und starrte die gegenüberliegende Wand an: Sah unheimlich leer aus mit dem hellen Fleck eines Kreuzes.

Wir fuhren in Richtung Westen, vor uns Hauptmann Lembcke und Feldwebel Linn im Alfa Romeo und dahinter im Kübelwagen Leutnant Sander, Obergefreiter Jung und Pietro Sinigaglia. Vom offenen Lkw aus konnte ich nur den schwarzen Lockenkopf des Häftlings sehen. In einer knappen halben Stunde waren wir in Montagnana. Vor einem mit grün—weiß—roter Trikolore beflaggten Gebäude hielt die Kolonne. Zwei Offiziere der Schwarzhemden traten an den Wagen von Lembcke. Der ältere, bei dem es sich wohl um den Stabsarzt handelte, redete mit Feldwebel Linn. Dieser wandte sich an den Hauptmann, der nickte nur, und die beiden, der Stabsarzt und der Tenente, stiegen zu. Der weiße Sportwagen fuhr an, ein italienischer Lkw mit einem Trupp Schwarzhemden, der halb auf dem Bürgersteig stand, setzte sich gleich dahinter.

»Jetzt hat der Alte internationales Publikum für seine Schau«, spöttelte ein Gefreiter.

»Viel zu viele«, meinte sein Nachbar.

»Es können gar nicht genug sein«, mischte ich mich ein. »Die sollen sehen, wie der Alte vorgeht, und es weitertragen!«

»Recht hat der Unteroffizier«, sagte Gefreiter Gasser, der allgemeine SS-Mann. »Unser Hauptmann muß mal ein

Exempel statuieren, sonst tanzen die uns auf dem Kopf herum . . .«

»Auf deinem Glatzkopf, du ganz schlauer!« sagte ein Obergefreiter.

An einer Kreuzung bogen wir rechts ab in eine enge Straße, die nach Norden führte. Bald waren wir wieder auf der Landstraße. Um uns freies Feld, bis auf drei Häuser mit rostroten Dächern rechts am Straßenrand. Noch vier Kilometer, und wir waren am Ziel. Ein paar Häuser im Morgennebel: Borgo Frássine. Am jenseitigen Ufer ragte der steinerne Rest einer Brücke wie ein Katapult in die dunstige Luft. Darunter die Frássine, deren gelbliches Wasser an Steinen und gesplitterten Holzbalken vorbeiplätscherte. Wir stiegen vom Lkw, der Hauptmann sprang aus seinem Wagen und lief zum Kübelwagen, er winkte dem Leutnant. Sander und Jung zerrten den gefesselten Sinigaglia aus dem Wagen. Es ging lautlos und gespenstisch. Ich wollte nicht hinsehen, blickte rundum, fast automatisch blieb mein Blick an einem Holzpfahl haften, er konnte noch nicht lange da stehen, die Erde um den Balken war frisch aufgeworfen. Wie lange ich dahinstarrte, wußte ich nicht, waren es Sekunden oder zehn Minuten? Ein Schrei riß mich aus einer Art Trance zurück in die Wirklichkeit, der Schrei des Sinigaglia. er drehte und wand sich und versuchte, Sander und Jung abzuschütteln, die Angst verlieh ihm gewaltige Kräfte. Lembcke rief noch zwei Männer, jetzt schleiften sie den Jungen zu viert zum Galgen. Er sträubte sich unter dem Balken, drehte den Kopf blitzschnell von einer Seite auf die andere, bis es einem Feldwebel gelang, ihm die Schlinge um den Hals zu werfen. Es ging unheimlich schnell: Ein kräftiger Ruck, und Pietro Sinigaglia hing schlaff am Strang.

Wie gebannt gafften die herumstehenden Männer auf den leblosen Körper. Kein Laut, nur das Glucksen des Wassers gegen die Steinblöcke der gesprengten Brücke. Ich spürte, wie mir ein heißer Kloß in die Kehle stieg, Salzgeschmack im Mund. Dabei hatte ich immer gedacht, nach all den Scheußlichkeiten, die ich in Este erlebt hatte, wäre ich abgestumpft – und jetzt kämpfte ich gegen die Tränen an. Wegen eines Pietro Sinigaglia, der mich eigentlich nichts anging. Einfach nicht beachten, wegsehen! Mein Blick glitt aber wie von selbst zu ihm. Ich schneuzte mir die Nase, mit flatternden Händen steckte ich mir eine Zigarette an.

»Was hast du? Ist was?« fragte Feldwebel Felkel neben mir.

»Ach nichts – laß man!«

Auf der Rückfahrt zur Unterkunft redeten die Soldaten auf dem Lkw kein Wort. Nur einmal wurde angehalten, in Montagnana, wo sich der italienische Stabsarzt und der Tenente stumm von Lembcke verabschiedeten. Gegen Mittag waren wir wieder im Collegio. Essen konnte ich nichts, mir war der Appetit vergangen.

»Na, wie war's?« begrüßte mich Obergefreiter Schneider am Klappenschrank.

»Mensch, laß mich in Ruhe!«

»Eine Laune hast du, Hans! Geh erst mal was essen! Peters hat eine prima Erbsensuppe gekocht heute.«

»Ich weiß nicht, ob ich Hunger habe, mir ist ganz flau im Magen.«

»Kann ich mir vorstellen . . . mit anzusehen, wie einer aufgehängt wird ...«

»Einer? Zwei waren es!«

»Da war doch nur der Biscazzo.«

»Ja, der ist in Bevilacqua gehängt worden ...«

»Rossin war doch hier in Este. Ich habe ihn ja selbst gesehen, Sander hat ihn . . .«

»In Forgo Frássine sollte auch einer hängen, und weil der Rossin nicht mehr zur Verfügung stand, hat Lembcke den Sinigaglia . . .«

»Um Himmels willen, das ist ja Mord!« rief Schneider und biß sich auf die Lippen.

»Nach der allgemein üblichen Ansicht«, erklärte ich,

»kann ein auf frischer Tat ertappter Partisan hingerichtet werden. Morden in Uniform scheint erlaubt zu sein, in Zivil aber ein Verbrechen. Beim jungen Sinigaglia war es ein Verbrechen, er hatte niemandem ein Haar gekrümmt.«

»Ich fürchte, wir werden noch mehr erleben«, meinte Schneider.

Eines Nachmittags, es war Ende Oktober, wurden die Offiziere und Unterführer zur Besprechung ins Geschäftszimmer befohlen. Wieder eine Razzia, dachte ich an der Vermittlung. Ich stöpselte Verbindungen, wie zufällig auch eine zum Centralino, der italienischen Zentrale. Ich rief dreimal kurz durch und trennte sofort die Leitung. Einer nach dem anderen betrat den Raum. Es dauerte etwa eine Viertelstunde, bis alle versammelt waren. Wie zufällig kam der italienische Oberleutnant Roatti neben dem Klappenschrank zu stehen. Er beugte sich über die Schalter, als interessierte er sich für meine Arbeit. Dabei näherte er sich meinem rechten Ohr und flüsterte »Amico mio . . . du mußt verschwinden, der SD läßt dich beobachten!«

Ein Schreck durchzuckte mich.

»Die SS? . . . was . . . was soll ich . . . wo soll ich hin?«

Mit Ungeduld erwartete ich das Ende der Befehlsausgabe des Sicherheitskommandanten. Endlich, nach einer halben Ewigkeit ließ er die Männer wegtreten. Als sich alle verlaufen hatten, fuhr Lembcke weg. Jetzt mußte ich handeln, verschwinden. Ich war sehr aufgeregt. Ich bemühte mich, Ruhe zu bewahren, einen kühlen Kopf zu behalten. Sollte ich einfach weglaufen? Das würde einem Schuldeingeständnis gleichkommen, dann hätten sie mich gleich. Ich mußte ganz offiziell verschwinden. Aber wie? Da fiel mir Major Späth ein: Damals, im August 1941, hatte er in Rußland zwei Beamten eines Polizeibataillons, die sich von der Truppe entfernt hatten, weitergeholfen. Der Major, nur er konnte mir helfen.

Außer mir war nur Unteroffizier Backhaus in der Schreibstube. Ich mußte ihn aus dem Raum locken.

»Du, Backhaus!«

»Ja, was ist?«

»Ich habe gehört, in der Kleiderkammer sind neue Uniformen angekommen. Du wolltest schon immer deine schäbige Feldbluse in eine neue umtauschen. An deiner Stelle würde ich jetzt zum Kleiderbullen Willner gehen, du weißt ja, wie schnell die neuen Sachen weg sind.«

»Danke für den Hinweis. Ich haue gleich ab.«
Backhaus ging aus dem Zimmer. Jetzt schnell die Verbindung nach Malcesine zum Regiment! Dreimal rief ich durch, endlich eine leise Stimme: »Feuerzauber drei!«
»Bitte Major Späth!«
»Ich rufe.«
Nur das Ticken in der Leitung. Ich zappelte vor Ungeduld. Herrgott hilf, betete ich, daß er da ist!
»Major Späth.«
Ich atmete auf, redete hastig und beschwörend: »Herr Major, ich bitte Sie, helfen Sie mir!«
»Ja, Bertram – was kann ich für Sie tun?«
»Ich muß weg von hier, vom Sicherheitskommando Este, ich werde beobachtet von der SS . . . ich habe . . .«
»Was Sie unter Lembcke angestellt haben, brauche ich nicht zu wissen. Geben Sie mir den Hauptmann!«
»Der ist nicht da. Ich gebe Ihnen den Adjutanten, Leutnant Sander.«
»Gut, dann den Sander.«
Ich rief den Unteroffizier vom Dienst: »Leutnant Sander soll an den Apparat kommen – Major Späth vom Regiment!«
Sekunden später war der Adjutant im Zimmer des Chefs. Das Gespräch legte ich auf Lembckes Apparat. Ich blieb in der Leitung, so konnte ich mithören. Sander meldete sich, noch ganz außer Atem: »Leutnant Sander!«
»Späth, wir brauchen den Unteroffizier Bertram, Herr Leutnant – dringend. Da sind neue Leitungen in die Karten einzuzeichnen. Setzen Sie den Unteroffizier sofort in Marsch zum Regiment!«
»Jawoll, Herr Major, sofort.«
»Ich danke Ihnen – Ende.«
Sander riß die Tür auf und rief: »Unteroffizier Bertram, lassen Sie sich ablösen, und packen Sie Ihre Klamotten. Sie werden zum Regiment abkommandiert. Ich schreibe inzwischen den Marschbefehl nach Malcesine aus.«
»Jawoll, Herr Leutnant.«

Ich stopfte meine Sachen rasch in den Rucksack und stand in Sekundenschnelle feldmarschmäßig vor Sander. Er gab mir den Marschbefehl und sagte: »Hauptmann Lembcke ist dienstlich unterwegs.« Dabei grinste er. »Ich werde ihm Bescheid sagen . . . und alles Gute!«

»Danke, Herr Leutnant. Das kann ich gebrauchen«, erwiderte ich, erwies den »Deutschen Gruß«, machte eine Kehrtwendung und trat ab.

Als ich die Unterkunft verlassen hatte, atmete ich auf. Wie ein Vogel, der aus dem Käfig ins Freie flog. Aber in welche Freiheit hatte ich mich gemogelt? In eine, die mir nicht zustand, eine verbotene, ja lebensgefährliche! Bis jetzt kann mir nichts passieren, ich habe einen Marschbefehl und bin auf dem Weg zum Bahnhof, versuchte ich mich zu beruhigen. Ich könnte auf dem Weg nach Malcesine sein! Daß ich weiter will, braucht niemand zu wissen, vor allem nicht Hauptmann Lembcke, wenn er mich treffen sollte. Ob er weiß, daß ich verdächtigt werde von seinem Polizeichef? Sicher! Dann würde er mich doch nicht weglassen. Und dann? Angst stieg in mir auf, und ich mußte mich beherrschen, um nicht durch die Straßen zu rennen. Das würde auffallen.

Woher ich den Mut nahm, die Truppe zu verlassen? Es war die Angst, die mir Beine machte. Flucht vor der SS, dem Kriegsgericht, und dann das Urteil: Tod durch den Strang! Ich – ein Feigling? Nie hatte ich daran gedacht – an Fahnenflucht. Und meine Eltern, Freunde und Bekannte! Entsetzt würden sie sich von mir abwenden, von einem Deserteur . . . wenn ich den Krieg überleben würde. Hatte ich nicht auch den Eid geschworen, dem Führer unbedingten Gehorsam zu leisten und als »tapferer Soldat« bereit sein zu wollen, jederzeit mein Leben einzusetzen? Ich redete mir ein, dieser Eid sei mir aufgezwungen worden, und außerdem: Ich habe ihn nicht gesprochen – nur die Lippen bewegt. Nein, ich habe nicht geschworen! Und Hitler? Hatte er nicht seinen Eid auf die Verfassung millionenfach gebrochen? Sollte man ihm überall hin folgen, auch ins Verbrechen? Nein, Gewissensbisse hatte ich nicht.

Ich vermied es, durch die Stadt zu gehen, und nahm den Weg, der um Este herum führte. Dicht an den Hausmauern entlang schlich ich die Via Olmo hinunter in Richtung Bahnhof, bereit, bei dem leisesten Geräusch eines Wagens in einen Hausflur zu springen oder mich in irgendeiner Mauernische zu verstecken. Plötzlich Motorengebrumm. Ich bekam einen Schreck und wollte mich gerade hinter einem Haus verdrücken, als ich von weitem einen dunklen Wagen kommen sah. Es war der alte Fiat Millecento des Consorzio Agrario Bacchini von der Landwirtschaftlichen Genossenschaft. Ich seufzte erleichtert auf. Ohne Störungen kam ich weiter voran. Noch eine Viertelstunde, und ich stand an der Kreuzung Via Padre Giuliano und der Landstraße Padana Inferiore, die nach Mantova führte. Zum Bahnhof wollte ich nicht; ich wußte nicht, wann der nächste Zug nach Padova fuhr, und Padova, nein, da war der SD. Ich wollte nicht einer SS-Streife in die Arme laufen. Sofort mußte ich weg, per Anhalter. Ich brauchte nicht lange zu warten, auf mein Handzeichen stoppte ein dunkelgrüner Lieferwagen. Wohin ich wollte, fragte mich der Fahrer. Nach Rovereto, sagte ich, instinktiv gut vorausgedacht, denn unterwegs könnte ich immer noch nach meinem Ziel gefragt werden, und von dort aus ging eine Straße zum Gardasee, nach Malcesine. Er öffnete die Tür, steigen Sie ein, sagte er, bis San Bonifacio kann ich Sie mitnehmen, bis kurz vor Verona. Ich stieg ein, nahm das Käppi ab und kauerte mich tief in den Beifahrersitz, um von außen nicht als Soldat erkannt zu werden. Ich war sicher, der Fahrer ahnte, was für einen Soldaten er mitnahm, er sagte nichts, fragte mich nicht – er lächelte nur.

Zufrieden, dem Dunstkreis des Kommandanten entronnen zu sein, stand ich an einer Straßenkreuzung hinter San Bonifacio und wartete auf ein Fahrzeug, das mich weiter nach Norden bringen würde. Ungefähr zwanzig Minuten mußte ich in der heißen Sonne stehen, bis endlich ein Kleinlaster anhielt. Zum Glück sprach der Fahrer, ein massiger Mann im Overall, Deutsch, Tiroler Dialekt.

»Wo wolln's denn hie?«

»Nach Hause – Richtung Brenner«, entfuhr es mir. Verdammt, hätte ich das nicht sagen sollen?! Ich biß mir auf die Zunge. Der Dicke lachte und sagte: »Dös wolln alle. Kommen Sie!«

Wohin ich wirklich wollte, wußte ich nicht; vielleicht ins Alpenvorland auf eine der abgelegenen Almen. In einer verlassenen Hütte könnte ich mich verstecken. Als wir Verona hinter uns hatten, war ich froh, und je weiter wir nach Norden kamen, um so freier fühlte ich mich. Doch unversehens – es war kurz hinter Ala – tauchten zwei Soldaten im Feldgrau des Heeres mit halbmondförmigen Metallplatten am Hals auf – Feldgendarmerie! Ein heißer Schrecken durchzuckte mich. Jetzt haben sie dich, jetzt ist alles aus, schoß es mir durch den Kopf. Der Unteroffizier hob die rote Kelle und winkte uns an den Straßenrand. Kaum stand der Laster, sprang er zur Fahrerkabine und riß die Tür auf.

»Los – raus!« brüllte er.

Ich hatte schon mit dem Leben abgeschlossen. Eine fatalistische Ruhe hatte sich mit einemmal bei mir eingestellt, daß es mir eigenartigerweise leicht fiel, höflich und gelassen zu erscheinen. Ich fühlte nur, daß ich blaß wurde und die Fingerspitzen kalt wurden. Davon bemerkte der Feldgendarm nichts, und meine Höflichkeit verunsicherte ihn etwas. Er bat mich um mein Soldbuch und den Marschbefehl. Stirnrunzelnd blickte er auf das Papier und sagte: »Nach Malcesine wollen Sie also. Warum fahren Sie nicht mit der Bahn – wie jeder Urlauber und Abkommandierte?«

»Von Este geht erst heute abend ein Zug nach Monsélice, und ob ich von da heute noch weiterkomme, weiß ich nicht. Heute muß ich mich aber unbedingt beim Major beim Stabe unseres Regiments melden. Da blieb mir weiter nichts übrig, als per Anhalter zu versuchen, noch rechtzeitig nach Malcesine zu kommen. Sie können ja da anrufen!«

»Hm — klingt plausibel«, brummte der Unteroffizier, und zu seinem Kameraden, einem Feldwebel, der die Szene wortlos verfolgt hatte, sagte er leise: »Was meinst du, Karl, ob wir den laufen lassen?«

Der Feldwebel musterte mich eine Weile und sagte dann: »Ich denke schon, wenn der die Wahrheit sagt, könnten wir nur Schwierigkeiten bekommen. Also weiter! Und Sie Unteroffizier — ja, Bertram heißen Sie — Unteroffizier Bertram, gute Fahrt!«

Mit weichen Knien kletterte ich in den Laster, und weiter ging's. Schwein gehabt, daß der Feldgendarm den Fahrplan nicht kannte, ja noch nicht einmal wußte, wo Este liegt. Und gut, daß uns die Feldgendarmen nicht hinter Rovereto angehalten hatten! Langsam beruhigte ich mich, und mein Zittern, das erst nach der Episode mit den Feldgendarmen eingesetzt hatte, verging allmählich.

»Was wollten denn die Kettenhunde?« fragte der Fahrer.

»Nur mal sehen, ob ich auf dem rechten Weg bin.«

»Bei mir immer«, sagte er. Offensichtlich hatte er mitbekommen, in welcher Klemme ich mich befunden hatte.

Es war dunkel geworden. Vor uns zur Rechten tauchten Berge auf, wurden größer und größer, und auf der anderen Seite ein riesiger Talkessel, aus dessen Dunstschleier Umrisse eines Kirchturms und Dächer herausragten. Bozen. Die Fahrt ging vorbei am Bahnhof, dann ein Stück an den Gleisen entlang und weiter in langen Kurven auf der holprigen Straße, die sich senkte und wieder anstieg, aber ständig aufwärts führte, durch das enge Eisacktal.

Nach etwa zwanzig Minuten hielt der Laster laut quietschend vor einer Gartenmauer. Im milchigen Nebel erkannte ich an einem orangefarbenen Haus die Buchstaben A.N.A.S., ein Straßenwärterhäuschen. Ein Mann, hemdsärmlig mit breiten Hosenträgern, trat an die Fahrerkabine.

»Buona sera, Nino. Wen bringst du denn?«
»Einen Deutschen . . . der will nach Hause.«
»Dann komm mal! Grüß Gott«, sagte der Straßenwärter und gab mir die Hand.
»Wo sind wir hier?« fragte ich.
»In Campodazzo . . . Atzwang«, sagte er und führte uns ins Haus. Durch einen schmalen Korridor kamen wir in eine Stube, in der eine Lampe mit rotem Seidenschirm warmes Licht ausstrahlte. Auf einem Regal in der Zimmerecke stand die Statue einer Madonna mit goldenem Heiligenschein, die von einer Petroleumleuchte angestrahlt wurde. Wir setzten uns an den blank gescheuerten Holztisch. Der Straßenwärter fragte Nino, den Fahrer: »Wie sieht's bei euch aus, da unten?«
»Geht schon. Lange kann's nicht mehr dauern.« Schweigen. Eine kräftige Frau, rotgesichtig mit langen Zöpfen, kam mit einer dampfenden Schüssel. Sie lächelte mich an: »Bitte, greifen Sie ordentlich zu! Sie essen doch plentne Knödel, das sind Buchweizenknödel . . . oder?«
Eine halbe Stunde nach dem Abendessen brachte mich die Hausfrau in die Dachkammer, in der sich nur ein eisernes Bett, ein Waschtisch und ein Rohrstuhl befanden. Kaum hatte ich mich in die Federn gelegt, fielen mir die Augen zu.
Wie lange ich geschlafen hatte, wußte ich nicht. Als ich aufwachte, dämmerte schon der Morgen. Von der Stiege herauf hörte ich die gedämpfte Stimme des Straßenwärters: »Laß ihn schlafen, Maria! Was soll er in der Messe. Besser, er läßt sich da nicht blicken. Unser Herrgott sieht ihn auch hier!«

Nachbemerkung

Hauptmann Lembcke ist keine Erfindung des Autors. Er hat existiert und die Verbrechen begangen, die Bertram schildert. Lembcke starb 1971 in der Lüneburger Heide an den Folgen eines Schlaganfalls.

Hauptmann Lemcke im Kreis seiner Unterführer

Gedenktafel für die Opfer der Nazibesetzung in Este. In der Mitte der Inschrift wird Sartoris Tod am 11. 10. 1944 vermerkt.

Menschen

Henning Müller
Wer war Wolf?
Friedrich Wolf (1888–1953) in Selbstzeugnissen, Bilddokumenten und Erinnerungen
263 Seiten, mit 68 Abbildungen, kartoniert
ISBN 3-87682-844-9
Dramatiker, „roter General" von Remscheid, Armenarzt in Stuttgart, Mitbegründer des NKFD und 1. Botschafter der DDR in Polen: ein vielseitig begabter Mensch ist zu entdecken.

Ruth Rewald
Vier spanische Jungen
Herausgegeben und mit einem Nachwort von Dirk Krüger
191 Seiten, mit 18 Abbildungen, englische Broschur
ISBN 3-87682-838-4
„Das einzige deutschsprachige Jugendbuch aus dem Spanienkrieg wurde 1938 von Ruth Rewald verfaßt, einer deutsch-jüdischen Autorin, die 1942 in Auschwitz den Tod fand." (Deutsche Akademie für Kinder- und Jugendliteratur)

Richard Scheringer
Unter Soldaten, Bauern und Rebellen
Das große Los
Memoiren
407 Seiten, kartoniert
ISBN 3-87682-840-6
Er saß 22mal im Gefängnis, zeugte 11 Kinder und war schon vor seinem Tod im Mai 1986 zur Legende geworden. Als Reichswehrleutnant in Festungshaft sagte er sich spektakulär von Hitler los.

Röderberg

Faschismus und Widerstand

Antonio Gramsci
Zu Politik, Geschichte und Kultur
396 Seiten, kartoniert
Röderberg-Taschenbuch Nr. 100

Antonio Gramsci
Gedanken zur Kultur
332 Seiten, kartoniert
Röderberg-Taschenbuch Nr. 161

Bernhard Heisig
Der faschistische Alptraum
Lithographien und Texte
Hrsg. von Dietulf Sander
128 Seiten, mit 64 Reproduktionen auf Kunstdruckpapier
Röderberg-Taschenbuch Nr. 175

Viktor Klemperer
LTI
Die Sprache des Dritten Reiches
Notizbuch eines Philologen
4. Auflage, 303 Seiten, kartoniert
Röderberg-Taschenbuch Nr. 35

Röderberg-Taschenbücher

Antimilitarismus

Winfried Schwamborn/Karl Michael Verch
Handbuch für Kriegsdienstverweigerer
11. völlig überarbeitete Auflage
Kleine Bibliothek 494
ISBN 3-7609-1215-X
1972 erstmals erschienen, ist dieses Handbuch inzwischen zum Standardwerk geworden. Zehntausenden von Kriegsdienstverweigerern war es ein zuverlässiger Ratgeber bei der Vorbereitung auf die Gewissensprüfung.

Jonas Müller/Detlef Thiesen
Handbuch für Wehrpflichtige
Von A wie AIDS bis Z wie Zurückstellung
ISBN 3-7609-1299-0
Viele Soldaten erfahren die Bundeswehr als einen Ort der Erniedrigung und Rechtlosigkeit. Nur wenige Rekruten wissen, daß man sich von Vorgesetzten durchaus nicht alles gefallen lassen muß. Dieses Handbuch, von Soldaten und Reservisten geschrieben, gibt wichtige Tips für das Überleben beim Bund.
Mit zahlreichen Beispielen aus der Praxis informieren die Autoren über die wichtigsten Vorschriften und ihre Bedeutung.

Pahl-Rugenstein